高等职业教育汽车类专业新型活页工作手册式系列教材

系列教材主编：戚文革　邹玉清

U0943325

汽车维护与保养教学工作页

曹　阳◎编著

中国铁道出版社有限公司
CHINA RAILWAY PUBLISHING HOUSE CO., LTD.

内 容 简 介

本教学工作页是为贯彻国务院印发的《国家职业教育改革实施方案》（简称“职教20条”）文件精神，落实“新型活页式、工作手册式”职业教育教材的要求而编写。本教学工作页系与教材《汽车维护与保养》（ISBN 978-7-113-28933-1）配套开发，共三个项目，包括维护保养汽车发动机、维护保养汽车底盘系统、维护保养汽车辅助系统。每个项目均包含项目任务单、项目导入、项目实施三部分内容。

本教学工作页的特点有：以“做事”的职业行动作为认知起点；使用多样化可视化表达方式；设计实施“微组织”环节；多环节、多形式的“专业+思政+创新”有机融合；增加了典型案例和新知识、新工艺。

本教学工作页由校企行合作开发，充分融入职业要素，适合作为高等职业院校和其他职业学校汽车类相关专业学生的教材，也可作为有关人员的岗位培训教材。

图书在版编目（CIP）数据

汽车维护与保养教学工作页/曹阳编著. —北京：中国铁道出版社有限公司，2022.11
高等职业教育汽车类专业新型活页工作手册式系列教材
ISBN 978-7-113-29728-2

Ⅰ. ①汽… Ⅱ. ①曹… Ⅲ. ①汽车-车辆修理-高等职业教育-教材②汽车-车辆修理-高等职业教育-教材 Ⅳ. ①U472

中国版本图书馆CIP数据核字（2022）第188630号

书　　名：汽车维护与保养教学工作页
　　　　　QICHE WEIHU YU BAOYANG JIAOXUE GONGZUOYE
作　　者：曹　阳

策　　划：尹　鹏　何红艳　　　编辑部电话：（010）63560043
责任编辑：何红艳　张　彤
封面设计：刘　颖
责任校对：孙　玫
责任印制：樊启鹏

出版发行：中国铁道出版社有限公司（100054，北京市西城区右安门西街 8 号）
网　　址：http://www. tdpress. com/51eds/
印　　刷：北京联兴盛业印刷股份有限公司
版　　次：2022 年 11 月第 1 版　2022 年 11 月第 1 次印刷
开　　本：787 mm×1 092 mm 1/16　印张：6. 75　字数：174 千
书　　号：ISBN 978-7-113-29728-2
定　　价：28. 00 元

版权所有　侵权必究

凡购买铁道版图书，如有印制质量问题，请与本社教材图书营销部联系调换。电话：（010）63550836

打击盗版举报电话：（010）63549461

序

职业教育的本质是“学习如何工作”的教育，即培养学生具备与工作任务相匹配的职业能力。职业能力遵循新手—生手—熟手—专家 / 高手的成长规律，如何在职业教育中实施符合职业能力成长规律的落地措施，是职业教育教学设计的首要原则。

本书的教学内容设计是在微组织教学模式“教与学”的行动逻辑指导下完成的。微组织教学模式是行动导向教学具体实施中运用的一个具体化方法，由教学情境导入、任务发布、任务实施、检查纠错、结果评价五个环节构成，其本质特征是针对问题，师生之间建立即时反馈系统。要求教师要具有对问题察之入微的敏感性，针对每个问题做出“即时反馈”。微组织教学模式实施过程中要求对任何一个知识点、技能点均做到“一点一讲一练一确认”。

教学工作页是微组织教学模式实施工具，是教师“教”与学生“学”的引导性教学文件，是学生思维过程、学习过程、学习结果可视化表达与老师即时反馈的载体。

教学工作页设计实现了以下四点创新:

一、以“做事”的行动作为认知起点

以“做事”的行动作为认知起点，建构基于“做事”的行动体系认知结构，而非学科知识体系认知结构，以与学生行动能力相匹配的“做事”的显性行动单元作为教学设计起点。

二、学习过程可视化设计表达

根据学习内容选择多样化的可视化表达方式，可视化设计包括两个方面：一是学生的学习思维过程和学习结果老师要看得见；二是老师的即时反馈学生要看得见，对学习过程与学习结果是否符合要求老师要作出即时反馈意见，反馈意见学生要看得见。

三、教学过程“教与学”即时反馈

学习过程可视化呈现，为建立个性化“教与学”即时反馈创造了前提条件，即时反馈为学生学习偏差及时提供“支架”，赋能“成功学习”，激发内模拟机制，实现班级集体授课制条件下的因材施教。

四、实现“知识、能力、素养”一体化成长

任何一个学习行动都是“知识、能力、素养”构成的“复合体”，在行动中理解掌握行动赖以发生的“知识”，在行动中积淀提升完成行动的“能力”，在行动中规塑做事做人的“素养”，一个行动能够“达标完成”所涉及的“知识、能力、素养”一个也不能少，在行动全过程所有节点与最终成果所涉及的“知识、能力、素养”都进行可视化呈现，依据“合格标准”进行即时反馈、纠正、刻意训练，直到正确为止，从而实现了对学习过程、学习结果全程“贯标”确认。

自2016年起，吉林电子信息职业技术学院在汽车专业群、机械专业群启动了面向教育对象的提升教学育人有效性教学改革，教学工作页的创建与应用是教学改革标志性成果之一，催生了教学育人有效性显著提升的课堂革命。

希望本书能够为高等职业教育汽车类专业课程教学设计提供借鉴。

戚文革

2022年2月

前 言

本教学工作页是为贯彻国务院印发的“职教20条”文件精神，落实“新型活页式、工作手册式”职业教育教材的要求而编写。与教材《汽车维护与保养》（ISBN 978-7-113-28933-1）配套开发，包含三个项目，包括维护保养汽车发动机、维护保养汽车底盘系统、维护保养汽车辅助系统。每个项目均包含项目任务单、项目导入、项目实施三部分内容。

本教学工作页具有以下特点：

1. 以“做事”的职业行动作为认知起点，突出职业能力培养

将项目中每个任务的工作内容序化为作业准备、拆卸、检修和安装等完整的工作过程，在工作过程中认知发动机结构、作业方法、技术标准和要求等职业知识，即按照“实践—认识—再实践—再认识”的发展规律，以“做事”的职业行动作为认知起点，在完成职业活动（包含职业行动和职业知识）过程中不断积累职业能力，突出职业能力培养。

2. 使用多样化可视化表达方式和“即时反馈”，实现了因材施教

根据学习内容选择了鱼骨图、金字塔图、圆圈图、树形图、列表及方框等多样化的学生学习过程可视化表达方式；学习过程可视化设计为即时反馈奠定了基础，教学过程针对问题“时时、事事、人人”的即时反馈，实现了班级集体授课制条件下的因材施教。

3. 设计实施“微组织”环节，实现“知识、能力、素养”一体化成长

每个行动都设计了“微组织：老师检查纠错，学生改正错误”环节。在教学过程中老师依据“合格标准”，采用检查纠错方式，对每个行动所涉及的“知识、能力、素养”进行即时反馈、纠正、刻意训练，学生在不断地改正错误直到正确为止的过程中，实现了“知识、能力、素养”一体化成长。

4. 多环节、多形式的“专业＋思政＋创新”有机融合，实现“思创”培养目标

在项目导入中，保持与教材《汽车维护与保养》一致的“中国汽车工业发展历程”主题，结合每个项目的专业性，以娓娓道来的故事形式讲述中国汽车人多年来是如何在自主研发的道路上，凭借着中国人的勤劳智慧和匠心精神，使中国品牌、中国制造的汽车受到世界各国人民的欢迎；本教学工作页使用全过程要求用铅笔按照规定字的大小书写在精心设计的方框、图表中，培养学生一丝不苟、精益求精的匠人精神。通过以上多环节、

多形式的“专业＋思政＋创新”有机融合，实现在专业教育中突出“人的底色”与创新素质的培养目标。

5. 典型案例增加启示性经验性知识，新知识新工艺增强时效性

每个任务后面都书写了两个在汽车维护与保养过程中引发的真实复杂的故障案例，使学生在信服中受到启示，得以借鉴。

6. 校企行合作开发，充分融入职业要素

本教学工作页由吉林电子信息职业技术学院汽车工程学院曹阳编著。

大连禾众汽车销售服务有限公司高级工程师、德国高级技师全晓龙提供了案例；吉林电子信息职业技术学院教授戚文革提供了思政和创新元素；吉林电子信息职业技术学院老师房睿在文字和图片编辑过程中做了大量的工作；吉林省汽车维修行业协会秘书长李晶提出了宝贵意见和建议。对在编著过程中给予大力支持的各位老师，在此表示衷心的感谢！

本教学工作页由中国汽车工程学会汽车应用与服务学会技术副总监弋国鹏、吉林市磊 π 汽车修理行技术总监王磊、吉林市英之捷汽车服务有限公司技术总监宋海成审稿。参加审稿的各位老师对全书进行了认真细致的审阅，并提出了宝贵的意见和建议，在此表示衷心的感谢！

由于编者水平有限，书中难免有疏漏之处，恳请广大读者批评指正。

编著者

2022 年 2 月

目　录

项目一　维护保养汽车发动机

项目任务单

项目描述	完成 2014 款卡罗拉 1.6 L 自动 GL 轿车 1ZR-FE 发动机维护保养作业
项目要求	按照 2014 款卡罗拉 1.6 L 自动 GL 轿车 1ZR-FE 发动机技术要求与标准，正确使用工具，完成如下保养作业： 1. 更换发动机机油及机油滤清器； 2. 更换汽油滤清器； 3. 更换空气滤清器； 4. 清洗节气门及进气道； 5. 更换火花塞； 6. 更换发动机冷却液； 7. 更换发动机多楔带
学习目标	1. 能够准确地复述发动机机油、机油滤清器、汽油滤清器、空气滤清器、火花塞、冷却液、多楔带的更换方法； 2. 能够准确地复述节气门及进气道的清洗方法及清洗的必要性； 3. 能够规范地对发动机机油及机油滤清器进行更换作业； 4. 能够规范地对汽油滤清器进行更换作业； 5. 能够规范地对空气滤清器进行更换作业； 6. 能够规范地对节气门及进气道进行清洗作业； 7. 能够规范地对火花塞进行更换作业； 8. 能够规范地对发动机冷却液进行更换作业； 9. 能够规范地对发动机多楔带进行更换作业； 10. 养成自觉遵守技术标准和要求规定、规范操作、安全、环保、“5S”作业的好习惯
项目载体	2014 款卡罗拉 1.6 L 自动 GL 轿车 1ZR-FE 发动机气缸盖和配气机构 
计划学时	28~48 学时

工作页	任课老师		学生姓名		完成 / 未完成
	上课地点		上课时间		优 / 良 / 中 / 及格

项目导入

一、讲一讲：长城汽车品牌自主发动机诞生的故事

2021 年 6 月 17 日，长城汽车蜂巢动力正式下线第 1 000 万台发动机如下图所示，成了国内自主品牌首个实现千万台级规模的发动机企业，但是，就像中兴和华为被断供芯片一样，长城汽车也曾深陷发动机断供的漩涡之中。在创业初期，长城汽车和国内诸多车企一样患有严重的“心脏病”。无奈之下，长城汽车最初也只能外采发动机，但也是在这个阶段，长城汽车完成了发动机技术的原始积累。后来由于受到供应商的断供威胁，长城汽车加速进入了发动机自主研发阶段。由于技术薄弱，早期产品并不尽人意，所以其推出的高端车型依旧外采购发动机。而在完成多项技术突破，达到与合资车企相媲美的水平后，长城汽车旗下车型全面换装自主研发的发动机，进入了全新阶段。随着长城汽车等中国主流汽车企业的持续发力，国产发动机也从最早完全依赖外采，到实现自主研发，终于到今天的赶超世界。更重要的是，长城在核心动力方面的赶超并不孤独，包括长安汽车、奇瑞汽车、吉利汽车、一汽红旗以及比亚迪等自主集群，正在以和长城类似的速度进步，迅速抹平与合资的差距。如今，长安的 1.5T 蓝鲸发动机可以实现 300 N·m 的扭矩，奇瑞发动机的热效率可超过 39%，比亚迪的电池技术笑傲江湖，吉利发动机和沃尔沃共享。短短十几年时间，当合资车企 10 年换一代发动机的时候，我们已经十年换三代。自主品牌取得了此前做梦都不敢想的进步，以及令合资车企恐惧的技术迭代，迅速抹平和合资车企的技术鸿沟，展现出一片光明的未来。

长城汽车第 1 000 万台发动机下线

请问：以长城汽车为代表的自主一线汽车品牌为例，国产发动机从无到有，再从有到优，体现了国人什么样的信念和品质？你从国产发动机的诞生和发展历程上受到了哪些启发？请用铅笔认真地写在下面方框中。

微组织 1：老师检查纠错，学生改正错误。微评价：☆☆☆☆☆

二、看一看：发动机由哪些零部件组成；查一查：发动机有哪些地方需要保养

请查阅教材和观看相关视频，完成下列思考和行动。

1. 请结合下图 1-2，陈述并用铅笔概要写出发动机的组成，同时思考发动机的工作环境。

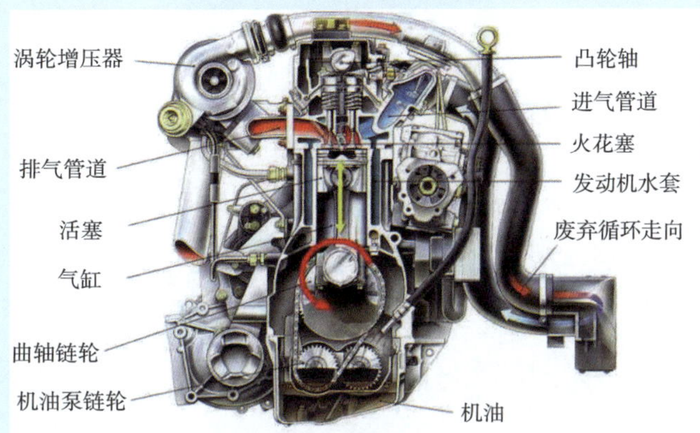

发动机内部示意图

微组织 2：老师检查纠错，学生改正错误。微评价：☆☆☆☆☆

2. 请结合下图用铅笔将五大系统的名称和图例连接在一起。

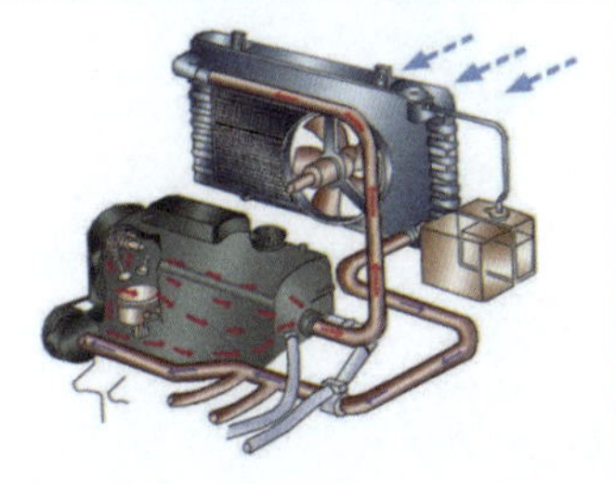

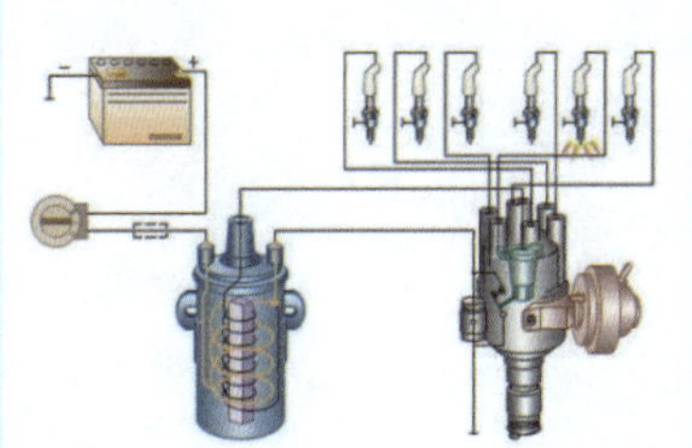

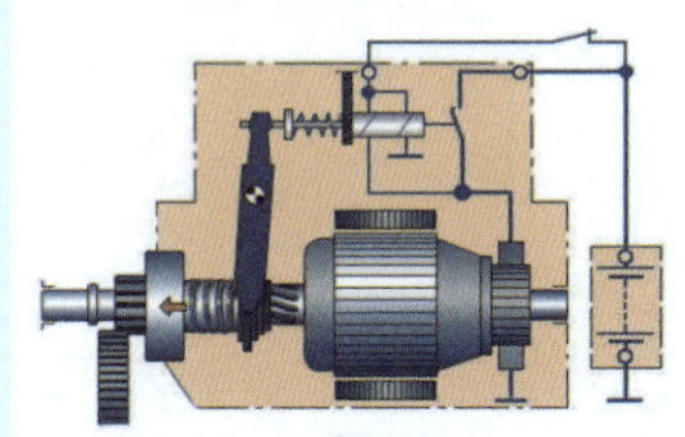

点火系统	润滑系统	冷却系统	供给系统	启动系统

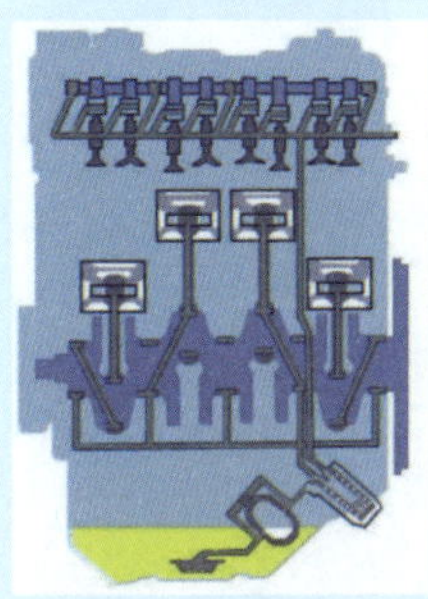

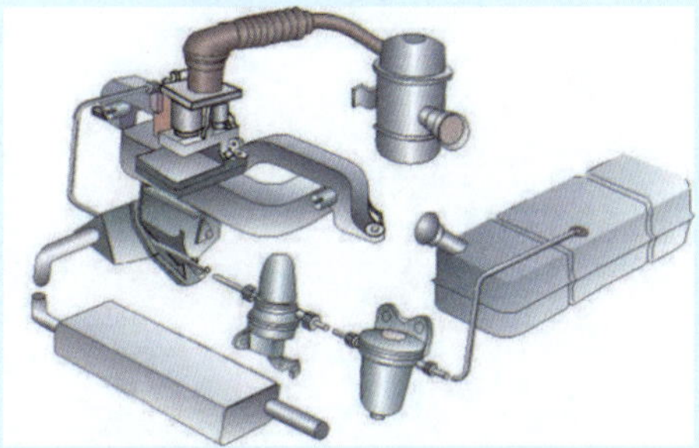

微组织 3：老师检查纠错，学生改正错误。微评价：☆☆☆☆☆

三、安全教育与防护要求

请大声说出安全与防护要求，做好防护准备，同时进行自检和互检。若已完成，请用铅笔在方框内打“√”。

□工作服穿戴要“四紧”；

□严禁佩戴手表等金属首饰；

□严禁摆弄与本次任务无关的设备和工具；

□严禁嬉戏打闹。

微组织 4：老师检查纠错，学生改正错误。微评价：☆☆☆☆☆

项目实施

任务一　更换发动机机油及机油滤清器

步骤一　作业准备

请详细复述作业准备项目与内容，对照表 1-1-1 核准检查。若已准备好，请用铅笔在相应项目内容后的方框内画上“√”；若有遗漏，请补充后再画上“√”。

表 1-1-1　更换发动机机油及机油滤清器作业准备检查表

项目	内容
作业场地	带有消防设施且通风条件良好的作业场地 □
设备设施	1ZR-FE 发动机台架□ 举升机□ 工具车□ 零件车□ 吹气枪□ 车内四件套□ 翼子板布□ 前格栅布□ 垃圾桶□
工量辅具	套筒扳手组合套具□ 扭力扳手□ 机油滤清器扳手□ 接油、抽油机□
耗材	机油□ 机油滤清器□ 密封垫片□ 清洁布□ 防护手套□

微组织 1：老师检查纠错，学生改正错误。微评价：☆☆☆☆☆

步骤二　举升车辆

1. 请仔细观看老师示范，结合老师讲解、查阅教材和观看相关视频，将举升车辆工作计划用铅笔认真填写在表 1-1-2 中。

表 1-1-2　举升车辆工作计划

序号	项目	工序	内容	注意事项
1	举升前准备	1		
		2		
		3		
		4		
		5		
2	举升车辆	1		
		2		
		3		
3	举升机落锁	1		
		2		
		3		
		4		

微组织 2：老师检查纠错，学生改正错误。微评价：☆☆☆☆☆

2. 请查阅教材和相关资料，并完善表 1-1-3 所列的举升机分类。

表 1-1-3　举升机分类

序号	图例	名称	类型	备注
1			柱式举升机 □ 剪式举升机 □	
2			柱式举升机 □ 剪式举升机 □	
3			柱式举升机 □ 剪式举升机 □	
4			柱式举升机 □ 剪式举升机 □	
5			柱式举升机 □ 剪式举升机 □	
你在举升车辆时使用的是哪种举升机		小剪式举升机 □ 单柱式举升机 □ 四柱式举升机 □	大剪式举升机 □ 双柱式举升机 □ 其他类举升机 □	

微组织 3：老师检查纠错，学生改正错误。微评价：☆☆☆☆☆

步骤三　排放发动机旧机油

1. 请仔细观看老师示范，结合老师讲解、查阅教材和观看相关视频，将排放发动机旧机油工作计划用铅笔认真填写在表 1-1-4 中。

表 1-1-4　排放发动机旧机油工作计划

工序	内容	工量辅具
1		
2		
3		
4		
5		
6		
7		
8		
9		
10		
11		
12		
13		
14		
15		
16		
17		
18		
19		
20		

微组织 4：老师检查纠错，学生改正错误。微评价：☆☆☆☆☆

2. 请写出发动机机油的种类及各种类之间的区别。

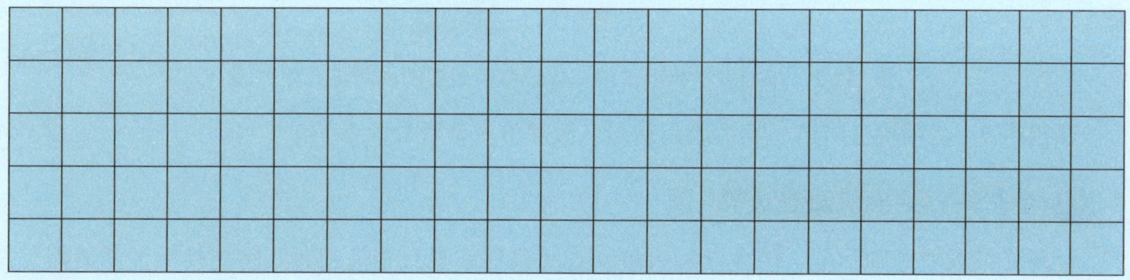

微组织 5：老师检查纠错，学生改正错误。微评价：☆☆☆☆☆

3. 将机油尺抽出，食指蘸一点机油尺上的机油，用大拇指与食指反复研磨，手指可感受到摩擦感，可以说明机油具有什么功能。试在图 1-1-1 中补全发动机机油的其他功能。

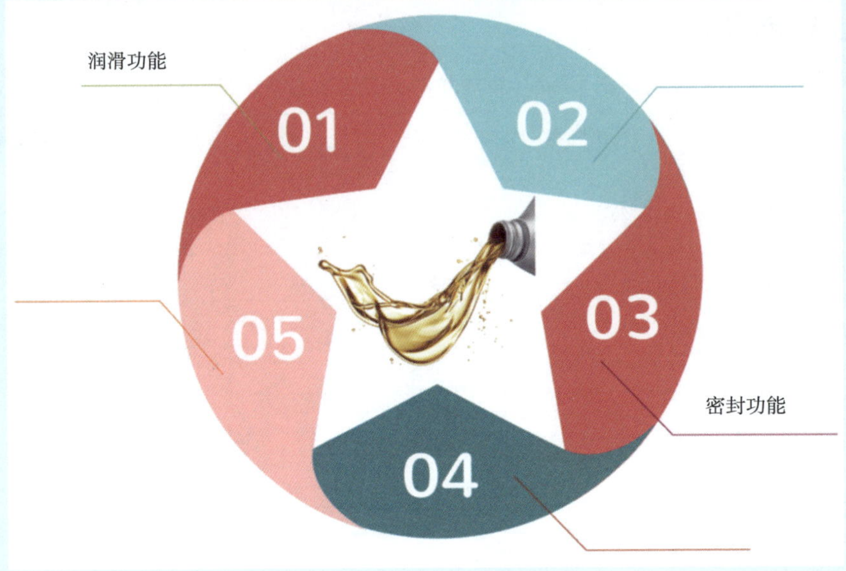

图 1-1-1　发动机机油的功能

微组织 6：老师检查纠错，学生改正错误。微评价：☆☆☆☆☆

4. 请根据计划排放发动机旧机油，详细总结操作过程中出现的问题，试着分析产生原因，并归纳出关键词，用铅笔认真填写在图 1-1-2 中。

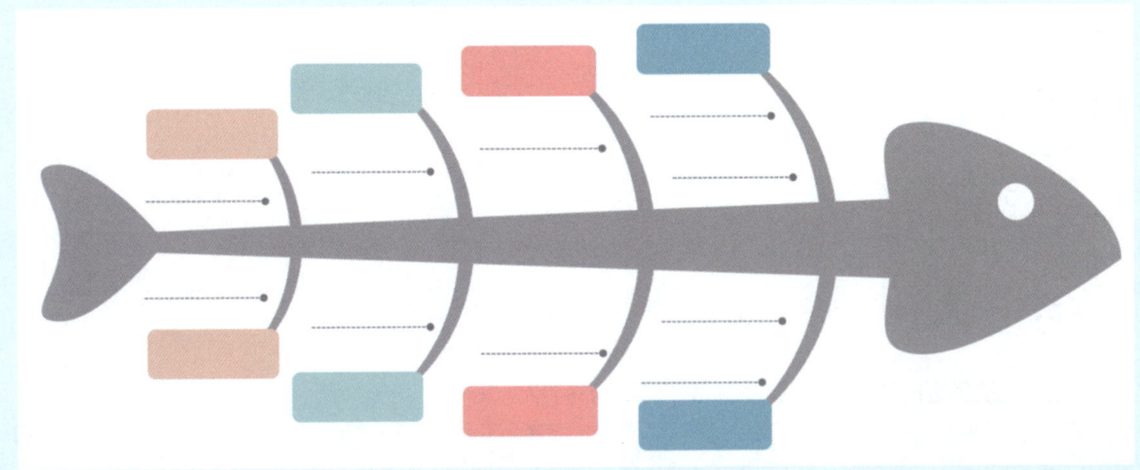

图 1-1-2　排放发动机旧机油操作过程中出现的问题与产生原因

微组织 7：老师检查纠错，学生改正错误。微评价：☆☆☆☆☆

步骤四　更换机油滤清器

1. 请仔细观看老师示范，结合老师讲解、查阅教材和观看相关视频，将更换机油滤清器工作计划用铅笔认真填写在表 1-1-5 中。

表 1-1-5　更换机油滤清器工作计划

工序	内容	工量辅具
1		
2		
3		
4		
5		
6		
7		
8		
9		
10		
11		
12		
13		
14		
15		
16		

微组织 8：老师检查纠错，学生改正错误。微评价：☆☆☆☆☆

2. 请结合拆卸过程，查阅教材及相关资料，对比下面四种机油滤清器扳手的优劣，用铅笔认真填写在表 1-1-6 中。

表 1-1-6　机油滤清器扳手的种类

种类 特点	杯式机油滤清器扳手	三爪式滤清器扳手	环形滤清器扳手	钳式机油滤清器扳手
图示				
优点				
缺点				

微组织 9：老师检查纠错，学生改正错误。微评价：☆☆☆☆☆

3. 已知机油滤清器由外壳、弹簧、旁通阀、滤纸、金属内网、止回阀、螺纹盖板、密封圈等组成，请结合拆卸下来的机油滤清器，并查阅教材和观看相关视频，在图 1-1-3 相关位置上用铅笔认真写出各组成部分名称。

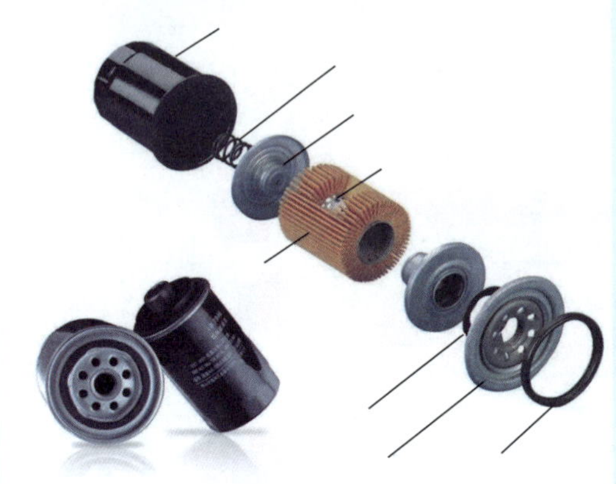

图 1-1-3 机油滤清器组成

微组织 10：老师检查纠错，学生改正错误。微评价：☆☆☆☆☆

4. 优质的机油滤清器密封均匀，耐腐蚀，长久耐用，过滤精度能够达到 0.05 mm，能有效保护发动机和其他部件。劣质机油滤清器为了节约成本，大多数使用劣质滤纸，易变形，过滤性能差，易造成机油渗漏，杂质容易进入发动机，堵塞油道，从而造成发动机的损害，长期使用还会缩短发动机寿命。请对比并分辨表 1-1-7 中的机油滤清器，并讨论辨别机油滤清器的方法。

表 1-1-7 优、劣机油滤清器对比

项目	图示 1	图示 2
滤芯质量		
	优质 □　劣质 □	优质 □　劣质 □
滤纸材质		
	优质 □　劣质 □	优质 □　劣质 □

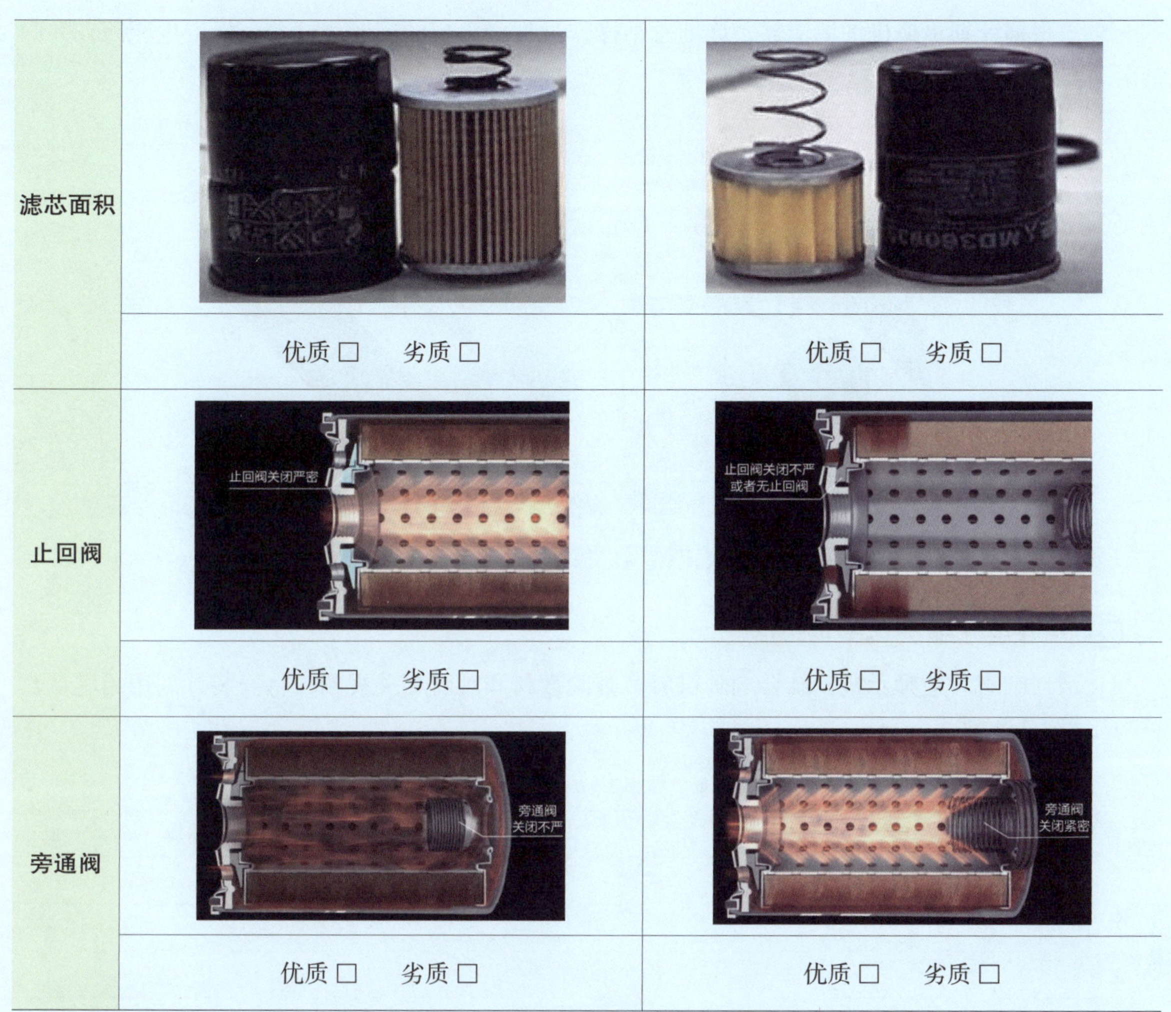

微组织 11：老师检查纠错，学生改正错误。微评价：☆☆☆☆☆

辨	别	真	假	机	油	滤	清	器	的	方	法	有	：							

微组织 12：老师检查纠错，学生改正错误。微评价：☆☆☆☆☆

5. 请根据计划更换机油滤清器，详细总结操作过程中出现的问题，试着分析产生原因，并归纳出关键词，用铅笔认真填写在图 1-1-4 中。

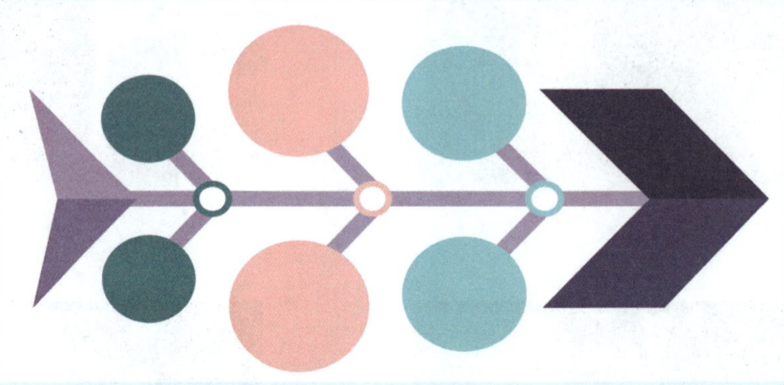

图 1-1-4　更换机油滤清器操作过程中出现的问题与原因

微组织 13：老师检查纠错，学生改正错误。微评价：☆☆☆☆☆

步骤五　添加发动机机油

1. 请仔细观看老师示范，结合老师讲解、查阅教材和观看相关视频，将安装计划用铅笔认真填写在表 1-1-8 中。

表 1-1-8　添加发动机机油工作计划

工序	内容	工量辅具
1		
2		
3		
4		
5		
6		
7		
8		
9		
10		
11		
12		
13		
14		
15		

微组织 14：老师检查纠错，学生改正错误。微评价：☆☆☆☆☆

2. 仔细观察表 1-1-9 图例中的机油外包装，并通过查阅教材和相关资料，完善表 1-1-9。

表 1-1-9　发动机机油外包装

图例	项目	含义
	SAE 等级	
	5W-30	
	API 等级	
	机油种类	矿物质机油 □ 合成机油 □

微组织 15：老师检查纠错，学生改正错误。微评价：☆☆☆☆☆

3. 请根据机油尺的正确使用方法，使用机油尺判断机油加注到高度。并用铅笔将图 1-1-5 机油尺中的括号中内容补充完整。

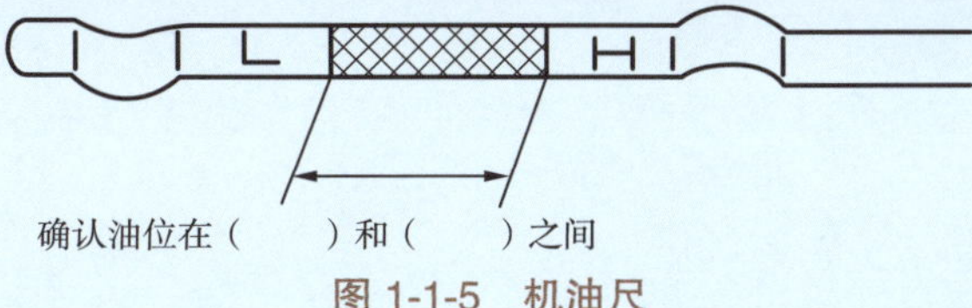

图 1-1-5　机油尺

微组织 16：老师检查纠错，学生改正错误。微评价：☆☆☆☆☆

4. 请根据添加发动机机油计划添加机油，总结在添加发动机机油工作过程中应注意的问题，并用铅笔认真写在下面方框中。

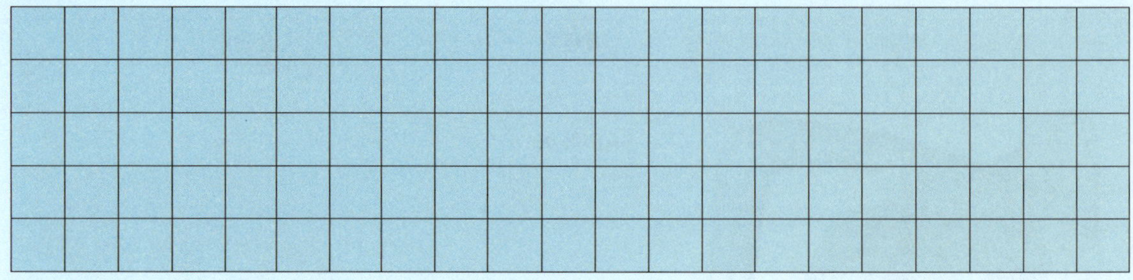

微组织 17：老师检查纠错，学生改正错误。微评价：☆☆☆☆☆

5. 请回顾自己在任务一全程的 5S 表现，结合下方金字塔图片，总结 5S 的关系并用铅笔认真写在下面方框中。

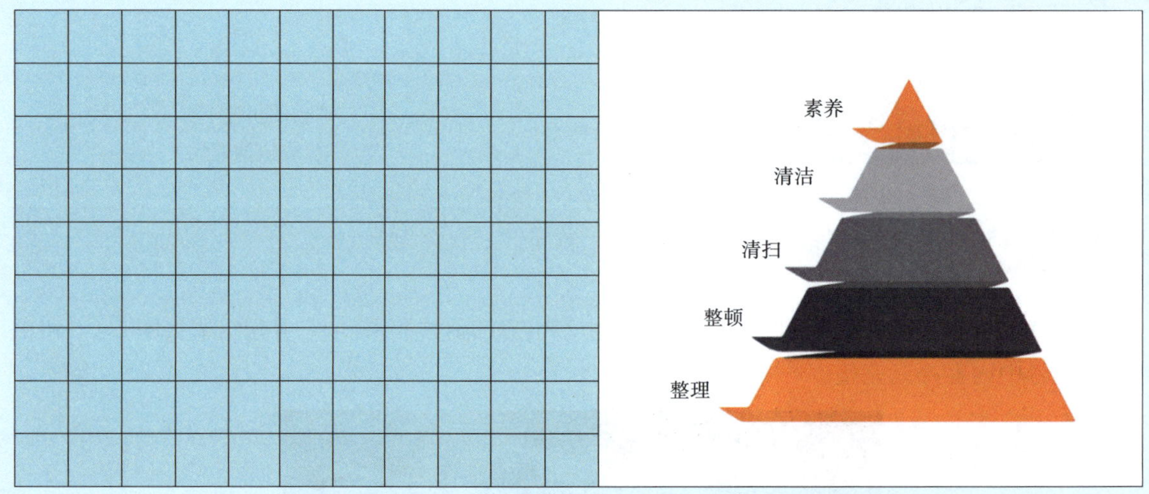

微组织 18：老师检查纠错，学生改正错误。微评价：☆☆☆☆☆

案例

案例一：某汽车维修厂内，维修工在车间被举升机上掉下的车辆拍在地上。

举升机在汽车维修养护中发挥着至关重要的作用，无论整车大修，还是小修保养，都离不开它，其产品性质、质量好坏直接影响维修人员的人身安全。在规模各异的汽车维修养护企业中，无论是维修多种车型的综合类修理厂，还是经营范围单一的街边店（如轮胎店），几乎都配备有举升机。

2019 年 4 月 1 日中午，成都市某汽车服务公司内，刘某和于某在对一台劳斯莱斯定制版古思特轿车进行维修保养，保养过程中，轿车突然从举升机上掉落下来，砸在了两位维修工身上，两位维修工一死一伤。

举升机虽不属于特种作业设备，但却关乎着每一位汽修工人的人身安全，在使用举升机时一定要注意规范操作，并定期对举升设备进行保养。

案例二：在加注发动机机油时，一学徒工将机油加注过多超过了机油尺上限。

某汽修厂一学徒工，在做车辆基础保养时，因判断失误，一次性加入了过量的机油，使用机油尺进行测量发现机油已超出机油尺上限。

机油过多，会增加曲轴的转动阻力，降低发动机的输出功率，并且过量的机油会窜入燃烧室参与燃烧，造成车辆烧机油、冒蓝烟，以至油耗增加。机油燃烧后的残留物（其主要成分是碳，非常坚硬）也会积聚在燃烧室壁上，减少燃烧室空间，从而降低发动机的压缩比，同时，还会加速气缸与活塞的磨损从而降低发动机的使用寿命。

虽然机油加注不能过多，但也不能过少。如果机油过少，发动机的一些部件，如凸轮挺杆、气门等处无法得到足够的润滑，造成部件磨损，甚至引发拉缸、烧瓦抱轴事故。

实践证明机油加注到低于上限 1/4 处最理想。另外还要掌握机油的型号、季节、气候、发动机排量、技术性能等诸多因素。所以，最好选择专业的汽车养护中心，经过对车辆的精心判断，选择适用的机油，并且在养护工艺上精心操作，减少故障隐患。

任务二　更换燃油滤清器

步骤一　作业准备

请详细复述作业准备项目与内容，对照表 1-2-1 核准检查。若已准备好，请用铅笔在相应项目内容后的方框内画上“√”；若有遗漏，请补充后再画上“√”。

表 1-2-1　更换燃油滤清器作业准备检查表

项目	内容
作业场地	带有消防设施的作业场地□
设备设施	1ZR-FE 发动机台架□ 举升机□ 工具车□ 零件车□ 车内四件套□ 翼子板布□ 前格栅布□ 垃圾桶□
工量辅具	套筒扳手组合套具□ 一字螺丝刀□ 十字螺丝刀□
耗材	燃油滤清器□ 清洁布□ 防护手套□

微组织 1：老师检查纠错，学生改正错误。微评价：☆☆☆☆☆

步骤二　燃油系统泄压

1. 请仔细观看老师示范，结合老师讲解、查阅教材和观看相关视频，将燃油系统泄压计划用铅笔认真填写在表 1-2-2 中。

表 1-2-2　燃油系统泄压计划

工序	内容	工量辅具
1		
2		
3		
4		
5		
6		
7		
8		
9		
10		
11		
12		
13		
14		
15		
16		
17		

微组织 2：老师检查纠错，学生改正错误。微评价：☆☆☆☆☆

2. 请根据插片式熔断器的颜色，用铅笔补全表 1-2-3 中熔断器的额定电流值。

表 1-2-3　燃油系统泄压计划

图例						
额定电流						

微组织 3：老师检查纠错，学生改正错误。微评价：☆☆☆☆☆

3. 请结合维修手册说明，在表 1-2-4 右侧图中圈出燃油泵保险丝[①]位置。

表 1-2-4　保险丝盒

维修手册	保险丝盒示意图

保险丝座 Ⓒ（棕色）

编号	电器	安培
1	电控机械式驻车制动器	5
2	底盘调节系统感应器	5
3	副驾驶员侧后车门控制器	7.5
4	移动电话适配装置	5
5	前座空调操控台	15
6	后座空调操控台	10
7	网络网关	5
8	冷藏箱	15
9	特殊功能连接口	5
12	选挡杆	10
13	背景照明	10
14	车后外部照明	20
15	燃油泵	25
16	电控机械式驻车制动器	30

微组织 4：老师检查纠错，学生改正错误。微评价：☆☆☆☆☆

① 保险丝是熔丝的俗称。

4. 请结合保险丝盒盖上的图例与保险丝盒的实物图，在表 1-2-5 中圈出“真空泵继电器 2”的位置。

表 1-2-5　保险丝盒实物对照图

保险丝盒盖上的图例	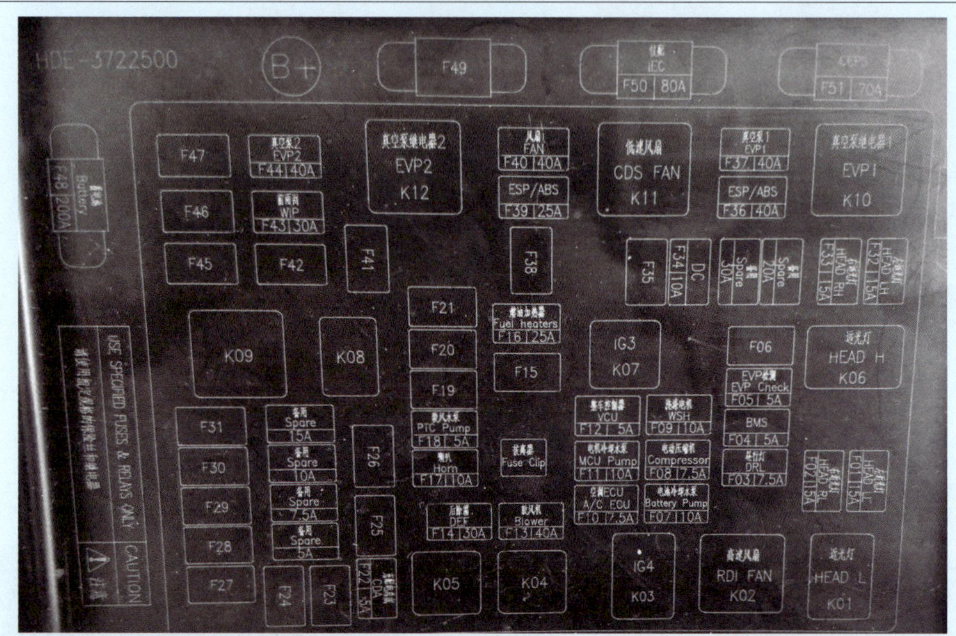
保险丝盒	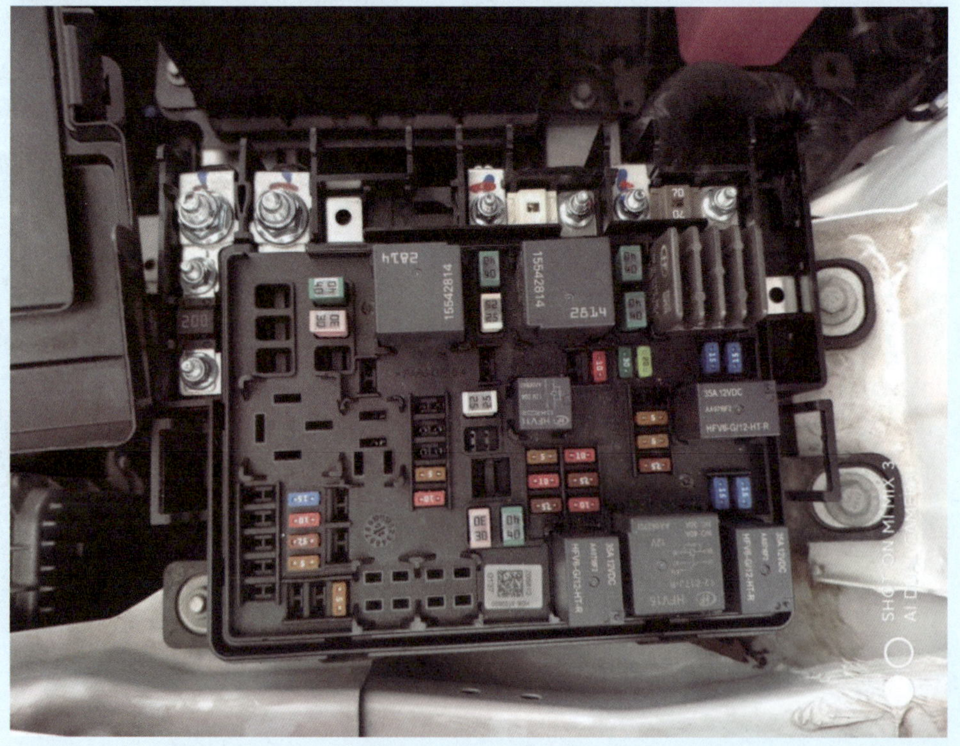

微组织 5：老师检查纠错，学生改正错误。微评价：☆☆☆☆☆

5. 请根据燃油系统泄压计划将燃油系统泄压，详细总结操作过程中出现的问题，试着分析产生原因，归纳出关键词，用铅笔认真填写在图 1-2-1 中。

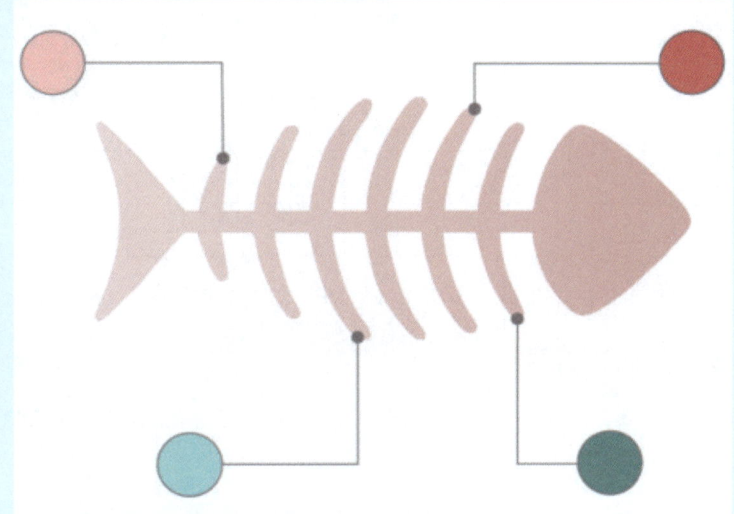

图 1-2-1　燃油系统泄压操作过程中出现的问题与原因

微组织 6：老师检查纠错，学生改正错误。微评价：☆☆☆☆☆

步骤三　拆卸燃油滤清器

1. 请仔细观看老师示范，结合老师讲解、查阅教材和观看相关视频，将拆卸燃油滤清器计划用铅笔认真填写在表 1-2-6 中。

表 1-2-6　拆卸燃油滤清器计划

工序	内容	工量辅具
1		
2		
3		
4		
5		
6		
7		
8		
9		
10		
11		

微组织 7：老师检查纠错，学生改正错误。微评价：☆☆☆☆☆

2. 请根据燃油滤清器拆卸计划拆卸燃油滤清器，总结在拆卸燃油滤清器工作过程中应注意的问题，并用铅笔认真写在下面方框中。

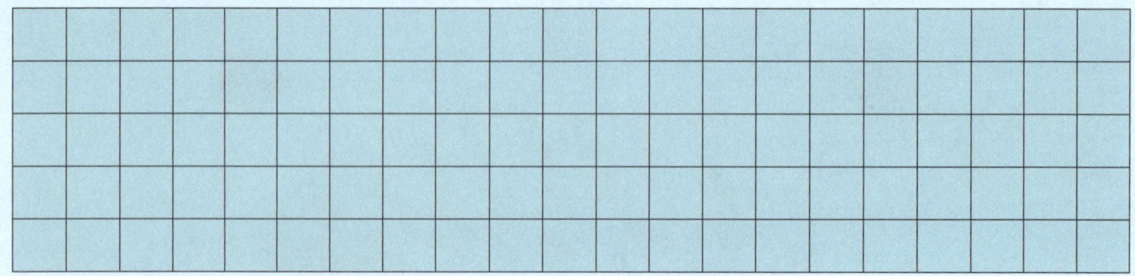

微组织 8：老师检查纠错，学生改正错误。微评价：☆☆☆☆☆

步骤四　安装燃油滤清器

1. 请仔细观看老师示范，结合老师讲解、查阅教材和观看相关视频，将安装燃油滤清器工作计划用铅笔认真填写在表 1-2-7 中。

表 1-2-7　安装燃油滤清器工作计划

工序	内容	工量辅具
1		
2		
3		
4		
5		
6		
7		
8		
9		
10		
11		

微组织 9：老师检查纠错，学生改正错误。微评价：☆☆☆☆☆

2. 请根据燃油滤清器使用要求，为图 1-2-2 红框中的外置式燃油滤清器选用正确的安装方向。

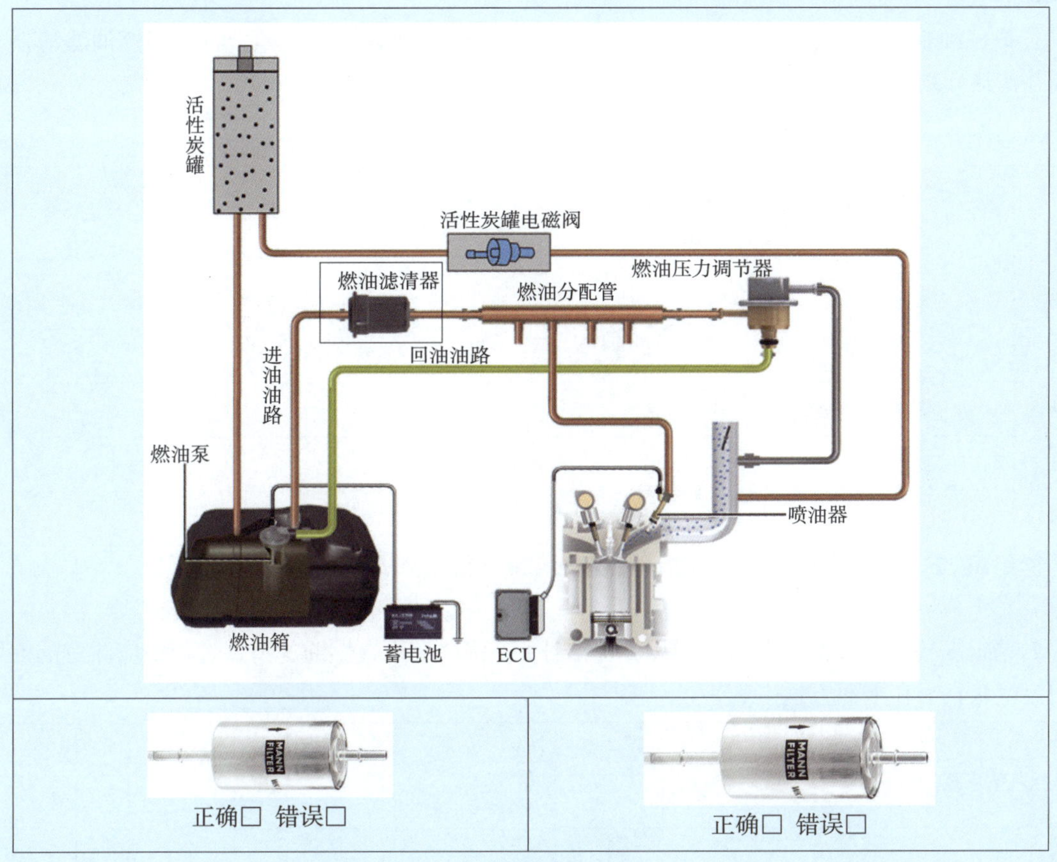

图 1-2-2　燃油供给系统

微组织 10：老师检查纠错，学生改正错误。微评价：☆☆☆☆☆

3. 请根据安装燃油滤清器计划实施安装，总结燃油滤清器在安装过程中应注意的问题，并用铅笔认真写在下面方框中。

微组织 11：老师检查纠错，学生改正错误。微评价：☆☆☆☆☆

步骤五　检查燃油滤清器有无泄漏并清洁

1. 请仔细观看老师示范，结合老师讲解、查阅教材和观看相关视频，将检查燃油滤清器有无泄漏并清洁计划用铅笔认真填写在表 1-2-8 中。

表 1-2-8　检查燃油滤清器有无泄漏并清洁计划

工序	检查位置	标准
1		
2		
3		
4		
5		
6		

微组织 12：老师检查纠错，学生改正错误。微评价：☆☆☆☆☆

2. 请根据检查燃油滤清器有无泄漏并清洁计划，总结在检查燃油滤清器过程中应注意的问题，并用铅笔认真写在下面方框中。

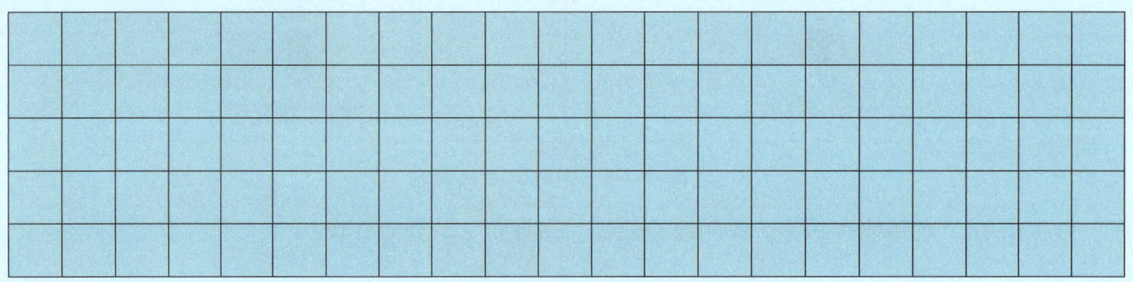

微组织 13：老师检查纠错，学生改正错误。微评价：☆☆☆☆☆

3. 请结合燃油滤清器安装经验，在图 1-2-3 的方框内写出进油口和出油口位置。

图 1-2-3　燃油滤清器

微组织 14：老师检查纠错，学生改正错误。微评价：☆☆☆☆☆

案例

案例一：学徒工将燃油滤清器装反。

某汽修厂一学徒工在更换燃油滤清器，试车后发现车辆启动困难，且启动后发动机抖动严重。经检查，是因为燃油滤清器未按照箭头标识方向进行安装，造成油压不足，点火困难。因发现及时，未造成经济损失，但若是长时间使用就会发生汽车加速缓慢、喷油器磨损、堵塞等故障。

所以，外置式汽油滤芯是有方向的，一般在上面有“IN”“OUT”或者“→”标志，千万不能上错。如果安装错误、进出油口接反，汽油从出油口进入，会将滤纸从内向外顶开，导致汽油滤芯损坏，进而失去过滤作用。

案例二：某汽修厂机修车间师傅在更换燃油滤清器时野蛮操作，未按照步骤对燃油系统泄压。

某汽修厂机修车间师傅在更换燃油滤清器时，未事先对车辆燃油供给系统进行泄压，直接拔掉了燃油滤清器软管，造成管路内汽油因系统压力较高而喷射出来，散落在车间各处，索性未造成安全事故。

汽油属于易燃易爆品，遇明火极易燃烧甚至发生爆炸。所以，在更换燃油滤清器时，需选择带有消防设施且通风条件良好的作业场地进行，且场地内禁止吸烟或带有明火。

任务三　更换空气滤清器

步骤一　作业准备

请详细复述作业准备项目与内容，对照表 1-3-1 核准检查。若已准备好，请用铅笔在相应项目内容后的方框内画上“√”；若有遗漏，请补充后再画上“√”。

表 1-3-1　更换空气滤清器作业准备检查表

项目	内容
作业场地	带有消防设施的作业场地□
设备设施	2014 款卡罗拉 1.6L 自动 GL 轿车（1ZR-FE 发动机）□ 1ZR-FE 发动机台架□ 工具车□ 零件车□ 压缩空气□ 举升机□ 车内四件套□ 翼子板布□ 前格栅布□ 垃圾桶□
工量辅具	套筒扳手组合套具□ 吹尘枪□ 一字螺丝刀□ 十字螺丝刀□
耗材	空气滤清器滤芯□ 清洁布□ 防护手套□

微组织 1：老师检查纠错，学生改正错误。微评价：☆☆☆☆☆

步骤二　拆卸空气滤清器

1. 请仔细观看老师示范，结合老师讲解、查阅教材和观看相关视频，将拆卸空气滤清器计划用铅笔认真填写在表 1-3-2 中。

表 1-3-2　拆卸空气滤清器计划

工序	内容	工量辅具
1		
2		
3		
4		
5		
6		
7		
8		
9		
10		
11		
12		

微组织 2：老师检查纠错，学生改正错误。微评价：☆☆☆☆☆

2. 请根据拆卸计划实施拆卸，详细总结操作过程中出现的问题，试着分析产生原因，归纳出关键词，用铅笔认真填写在图 1-3-1 中。

图 1-3-1　拆卸空气滤清器操作过程中出现的问题与产生原因

微组织 3：老师检查纠错，学生改正错误。微评价：☆☆☆☆☆

3. 请结合拆卸过程中认识的空气滤清器各组成部分，在图 1-3-2 的右侧写出编号名称。

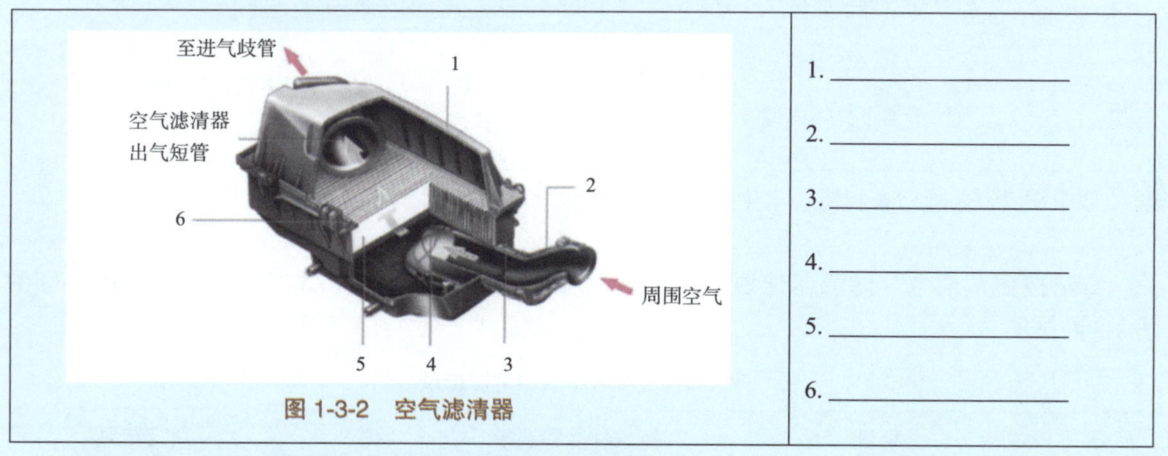

图 1-3-2　空气滤清器

1. ______________
2. ______________
3. ______________
4. ______________
5. ______________
6. ______________

微组织 4：老师检查纠错，学生改正错误。微评价：☆☆☆☆☆

4. 请结合空气滤清器的组成结构，或查阅教材等相关资料，思考空气滤清器的功用并简单说明。

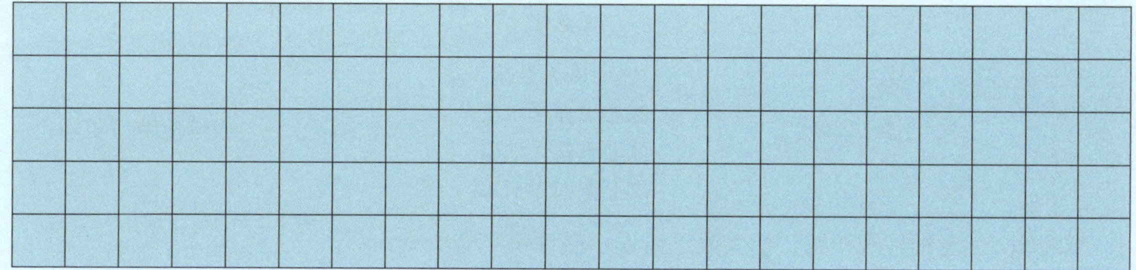

微组织 5：老师检查纠错，学生改正错误。微评价：☆☆☆☆☆

5. 请结合拆卸空气滤清器的实际操作过程，总结应注意的问题，在下面方框中用铅笔认真写出拆卸要求。

微组织 6：老师检查纠错，学生改正错误。微评价：☆☆☆☆☆

步骤三　清洁空气滤清器

1. 请仔细观看老师示范，结合老师讲解、查阅教材和观看相关视频，将清洁空气滤清器计划用铅笔认真填写在表 1-3-3 中。

表 1-3-3　清洁空气滤清器计划

序号	项目	工序	内容	工量辅具
1	空气滤清器上壳体	1		
		2		
2	空气滤清器下壳体内壁	1		
		2		

微组织 7：老师检查纠错，学生改正错误。微评价：☆☆☆☆☆

2. 请按照清洁空气滤清器计划进行清洁，判断当前空气滤清器滤芯的使用状态并填写在表 1-3-4 中。

表 1-3-4　清洁空气滤清器记录

序号	项目	技术标准和要求	状态	判定结果
1	空气滤清器壳体	无裂缝 无破损 无缺失 无老化		继续使用□ 更换□
2	空气滤清器滤芯	密封圈无老化 滤芯表面无水渍 滤芯表面无油渍 滤芯表面无灰尘		继续使用□ 更换□

微组织 8：老师检查纠错，学生改正错误。微评价：☆☆☆☆☆

3. 请结合清洁空气滤清器的实际操作过程，总结应注意的问题，在下面方框中用铅笔认真写出检测要求。

微组织 9：老师检查纠错，学生改正错误。微评价：☆☆☆☆☆

4. 请比较不同发动机进气形式之间的优劣，用铅笔认真填写在表 1-3-5 中。

表 1-3-5　发动机进气形式

种类	自然吸气式	涡轮增压式	机械增压式
图示			
优点			
缺点			

微组织 10：老师检查纠错，学生改正错误。微评价：☆☆☆☆☆

步骤四　安装空气滤清器滤芯

1. 请仔细观看老师示范，结合老师讲解、查阅教材和观看相关视频，将安装空气滤清器滤芯计划用铅笔认真填写在表 1-3-6 中。

表 1-3-6　安装空气滤清器滤芯计划

工序	内容	工量辅具
1		
2		
3		
4		
5		
6		
7		
8		
9		
10		
11		
12		

微组织 11：老师检查纠错，学生改正错误。微评价：☆☆☆☆☆

2. 请根据图 1-3-3 空气滤清器滤芯摆放位置，用铅笔将图中正确进气方向的箭头涂实。

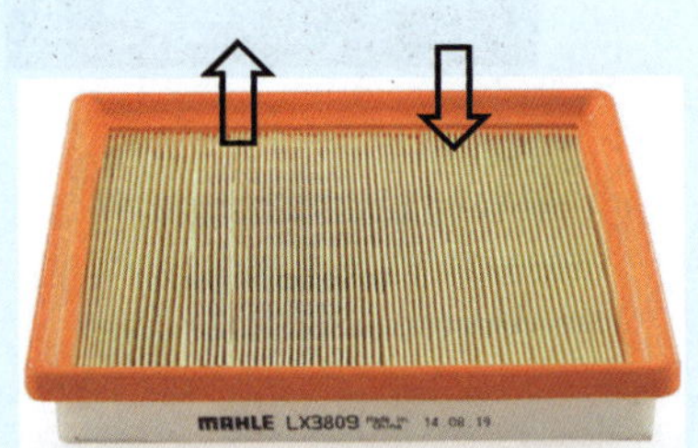

图 1-3-3　空气滤清器滤芯

微组织 12：老师检查纠错，学生改正错误。微评价：☆☆☆☆☆

3. 请根据安装空气滤清器滤芯计划实施安装，总结空气滤清器滤芯在安装过程中应注意的问题，并用铅笔认真写在下面方框中。

微组织 13：老师检查纠错，学生改正错误。微评价：☆☆☆☆☆

案例

案例一：更换空气滤清器后无法启动。

某汽修厂机修学徒工小王在为到店保养车辆更换完空气滤清器后发现车辆无法启动，找到师傅前来解决问题，发现车辆各线束插头无脱落，进气管路连接正常，其他地方无施工操作痕迹。再次试车后发现依旧是无法启动。

师傅将空气滤清器拆开后发现空气滤清器滤芯安装正确，取出滤芯之后发现空气滤清器出气短管处隐约有一个布条，顺着布条抽出了一条清洁布。原来是小王在更换空气滤清器滤芯时怕进气管道进入灰尘，用清洁布堵住了空气滤清器出气短管处的进气口，但更换完空气滤清器后忘记拿出来，造成发动机启动和工作时无法吸入空气，发动机无法启动。

本案例中，学徒工小王的行为相当于医生在为病人手术后发现止血纱布忘记取出，且已缝合在了病人体内。大家在工作时，一定要严格按照操作规范及步骤执行，一丝不苟地完成每一个规定动作，认真对待客户的每一辆车，不辜负“汽车医生”的称号。切记不能因为一时的疏忽，对车辆、人员造成不良影响。

案例二：更换空气滤清器后启动困难。

车主刘先生到4S店保养数次后发现更换空气滤清器并不难，为了节约保养成本，决定自己动手更换空气滤清器滤芯。很快，刘先生通过某电商平台购买了某品牌相应型号的空气滤清器，按照店家告知的操作流程，刘先生很快就将新的空气滤清器滤芯更换完毕。刘先生在启动发动机时却发现发动机启动困难，甚至要踩着加速踏板才能点火成功。这可吓坏了刘先生，本想自己动手省点钱，没想到还把车子弄坏了。情急之下只好拨打4S店的售后服务电话求助。

刘先生按照电话中的技术人员指导，对故障的可能性逐一排除，没有发现疑点，只能建议将车辆用拖车拖到4S店进行全面检查。沮丧的刘先生在电话中抱怨了一句：“本想自己动手换个滤芯省点钱，没想到花更多钱”。这句话被电话另一头的技术人员听到，建议刘先生将旧的空气滤清器滤芯重新装回去之后再试试，抱着一线希望的刘先生照做了之后，没想到车子竟然神奇般恢复正常了。

事后，刘先生将车辆开到4S店进行了全面的检查，发现并无任何故障。在对比两个空气滤清器后发现，虽然刘先生在网上买的空气滤清器分量十足，且不属于小作坊生产的，但相比于原厂的空气滤清器滤芯，网上购买的滤芯的滤纸之间的纤维过于致密，虽然有很强的隔绝尘垢的功能，但是也同时阻隔了空气的流通，极大地影响了发动机的正常工作。

任务四 清洗节气门及进气道

步骤一 作业准备

请详细复述作业准备项目与内容，对照表 1-4-1 核准检查。若已准备好，请用铅笔在相应项目内容后的方框内画上“√”；若有遗漏，请补充后再画上“√”。

表 1-4-1 清洗节气门及进气道作业准备检查表

项目	内容
作业场地	带有消防设施的作业场地□
设备设施	2014 款卡罗拉 1.6 L 自动 GL 轿车（1ZR-FE 发动机）□ 1ZR-FE 发动机台架□ 工具车□ 零件车□ 压缩空气□ 举升机□ 车内四件套□ 翼子板布□ 前格栅布□ 垃圾桶□
工量辅具	套筒扳手组合套具□ 免拆清洗吊瓶□ 一字螺丝刀□
耗材	节气门进气道免拆清洗剂□ 清洁布□ 防护手套□

微组织 1：老师检查纠错，学生改正错误。微评价：☆☆☆☆☆

步骤二 车辆预热

1. 请仔细观看老师示范，结合老师讲解、查阅教材和观看相关视频，将车辆预热计划用铅笔认真填写在表 1-4-2 中。

表 1-4-2 车辆预热计划

工序	内容	工量辅具
1		
2		
3		
4		
5		

微组织 2：老师检查纠错，学生改正错误。微评价：☆☆☆☆☆

2. 判断表 1-4-3 中节气门的类型，并对比实训车辆的节气门种类，用铅笔在对应的方框内打“√”。

表 1-4-3 节气门类型

		经对比判断，实训车辆的节气门为： □ 机械拉线式 □ 直流伺服电机式
机械拉线式□ 直流伺服电机式□	机械拉线式□ 直流伺服电机式□	

微组织 3：老师检查纠错，学生改正错误。微评价：☆☆☆☆☆

步骤三　免拆清洗

1. 请仔细观看老师示范，结合老师讲解、查阅教材和观看相关视频，将免拆清洗计划用铅笔认真填写在表 1-4-4 中。

表 1-4-4　免拆清洗计划

工序	内容	工量辅具
1		
2		
3		
4		
5		
6		
7		
8		
9		
10		
11		
12		
13		
14		
15		
16		
17		

微组织 4：老师检查纠错，学生改正错误。微评价：☆☆☆☆☆

2. 请根据进气管路的定义，分辨图 1-4-1 进气管路中的进气管、进气歧管和进气道，并用铅笔准确的在字母后写出对应的名称。

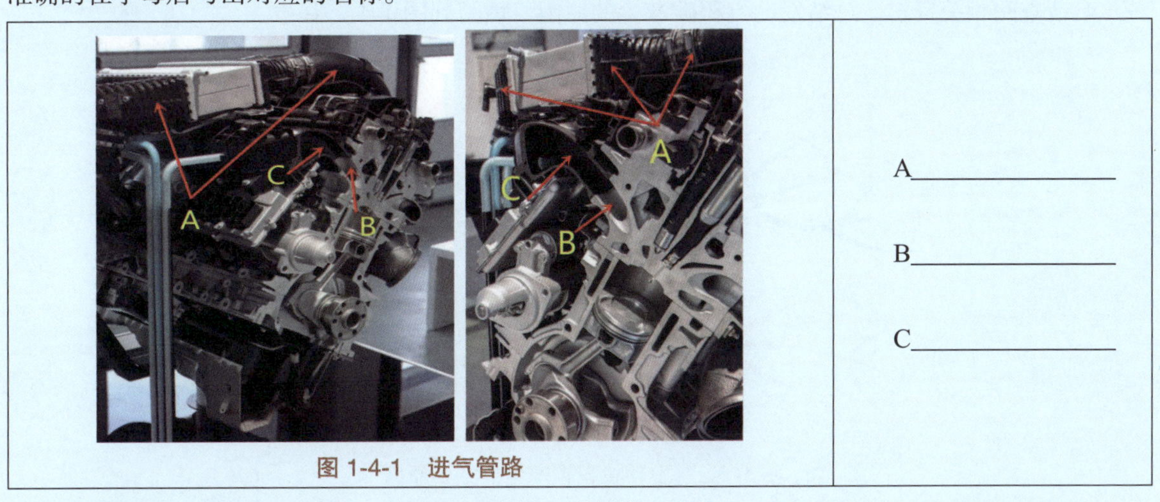

图 1-4-1　进气管路

A________________

B________________

C________________

微组织 5：老师检查纠错，学生改正错误。微评价：☆☆☆☆☆

3. 请按照免拆清洗计划进行清洗，并用铅笔认真填写清洗记录表 1-4-5。

表 1-4-5　免拆清洗记录

序号	项目	技术标准和要求	状态
1	真空管	拆下	已拆下□
2	清洗设备进气压力表	归零	已归零□
3	清洗设备开关	关闭	已关闭□
4	将免拆清洗剂倒入清洗液瓶	无滴漏	已倒入□
5	加液盖	拧紧	已拧紧□
6	泄压阀	关闭	已关闭□
7	固定清洗设备	牢固	已固定□
8	连接清洗设备输液头	牢固	已连接□
9	连接气源	牢固	已连接□
10	调整气源压力	4 bar	4 bar □
11	启动车辆	发动机正常运转	已启动□
12	打开清洗设备	打开到位	已打开□
13	发动机怠速运转	怠速运转	怠速运转□
14	清洗结束，关闭清洗设备	无雾状清洗剂喷出	已关闭□
15	拔掉气源并泄压	泄掉残余压力	无压力□
16	确认压力表归零	压力表指针指零	指针归零□
17	取下设备	不落地	已取下□
18	车辆熄火	熄火	已熄火□
19	现场 5S	5S 标准	符合 5S 标准□

微组织 6：老师检查纠错，学生改正错误。微评价：☆☆☆☆☆

4. 请查阅相关资料，总结发动机积碳产生的原因，填写到图 1-4-2 中。

图 1-4-2　发动机积碳产生的主要原因

微组织 7：老师检查纠错，学生改正错误。微评价：☆☆☆☆☆

5. 请结合免拆清洗节气门及进气道的实际操作过程，总结应注意的问题，在下面方框中用铅笔认真写出检测要求。

微组织 8：老师检查纠错，学生改正错误。微评价：☆☆☆☆☆

步骤四　检查并初始化节气门

1. 请仔细观看老师示范，结合老师讲解、查阅教材和观看相关视频，将初始化节气门的计划用铅笔认真填写在表 1-4-6 中。

表 1-4-6　初始化节气门计划

工序	内容	工量辅具
1		
2		
3		
4		
5		
6		
7		
8		

微组织 9：老师检查纠错，学生改正错误。微评价：☆☆☆☆☆

2. 请根据计划初始化节气门，总结节气门在初始化的过程中应注意的问题，并用铅笔认真写在下面方框中。

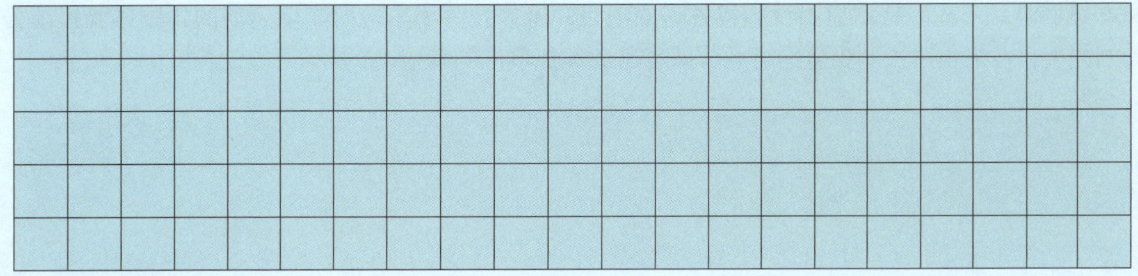

微组织 10：老师检查纠错，学生改正错误。微评价：☆☆☆☆☆

案例

案例一：清洗节气门后依旧凉车怠速不稳，甚至加油熄火。

车主王先生发现自己的车子在凉车状态时怠速不稳，将车送到汽修厂进行维修，按照技术人员的建议,初步判断是节气门积炭过多,需要对节气门进行彻底清洗。但清洗后故障依然经常出现，王先生再次将车送到了汽修厂进行维修。为了彻底查找故障原因，技术人员将喷油嘴卸下，对进气道进行了检查，发现进气道积碳非常严重，清洗进气道后，故障消失。

发动机使用时间长了，进气道喷油嘴对着的地方会沉积很厚的积炭。冷车时喷油嘴喷出的油都被积炭吸收，很少参与气化燃烧，所以发动机抖动甚至加油熄火。热车时，积炭的温度升高，将吸附的燃油蒸发出来，所以抖动的现象逐渐消失。这是老车常见的现象。判断这种故障，卸下喷油嘴检查是很方便直观的。卸下喷油嘴能够看到进气道的积炭，可以用起子初步清理，然后用清洗剂清洗。严重的需要卸下进气道进行清理。

案例二：清洗节气门后怠速高，油耗增加。

车主刘先生清洗节气门后发现车辆怠速比之前更高了，且油耗有所增加。再次来到维修厂进行咨询。经过对车辆的细致排查,并没有发现其他故障,在经过问诊之后得知,原来在车辆保养时，刘先生接到电话称临时有事着急用车，让维修工小李尽量快一下。为了给刘先生节省时间，在刘先生不知情的情况下，没有对清洗后的电子节气门进行匹配。这才导致了后来刘先生的爱车怠速高和油耗增加。

案例中，维修工小李按照刘先生的要求，为刘先生节约了宝贵的时间。虽然没有对节气门进行匹配，但因为电子节气门具有自学习功能，虽然节气门清洗过后未匹配，会出现怠速高和油耗高的现象，但随着车辆行驶里程的增加，电子节气门会不断调整自己的开度，以适应清除积碳后的运行环节，车辆会逐渐恢复正常。但维修工小李错在了未尽到提前告知的义务，在未征得车主刘先正同意的前提下，擅自省略节气门匹配的环节，虽未造成严重后果，但却对刘先生在后期用车的过程中造成了困扰，降低了客户对维修厂的信任。

在汽车维修保养的过程中，无论是必须做的维修保养项目还是维修保养过程中新发现的项目，都应该在施工前将维修保养的项目、时间及费用一一列出，全部征得客户认可并签字后方可施工，这也是汽车维修流程最容易和客户发生冲突的地方。维修接待或维修技师因为具有专业知识，知晓故障不处理的后果，擅自做主把客户车辆存在的问题都默认进行了处理，且不知，有些有问题的地方客户也未必就一定愿意出钱维修。此时，接待人员或维修人员只需要尽到告知的义务即可。如本案例中，一些因特定原因没做或省略的项目，维修技师小李应对车辆后期的驾驶体验提前告知刘先生，在征得车主刘先生同意后，即可避免类似事件的发生。

任务五　更换火花塞

步骤一　作业准备

请详细复述作业准备项目与内容，对照表 1-5-1 核准检查。若已准备好，请用铅笔在相应项目内容后的方框内画上“√”；若有遗漏，请补充后再画上“√”。

表 1-5-1　更换火花塞作业准备检查表

项目	内容
作业场地	带有消防设施的作业场地□
设备设施	2014 款卡罗拉 1.6 L 自动 GL 轿车（1ZR-FE 发动机）□ 1ZR-FE 发动机台架□ 工具车□ 零件车□ 压缩空气□ 举升机□ 车内四件套□ 翼子板布□ 前格栅布□ 垃圾桶□
工量辅具	套筒扳手组合套具□ 火花塞专用套筒□ 火花塞套筒扳手□ 扭力扳手□
耗材	泡沫清洁剂□ 清洁布□ 防护手套□

微组织 1：老师检查纠错，学生改正错误。微评价：☆☆☆☆☆

步骤二　拆卸点火线圈总成

1. 请仔细观看老师示范，结合老师讲解、查阅教材和观看相关视频，将拆卸点火线圈总成计划用铅笔认真填写在表 1-5-2 中。

表 1-5-2　拆卸点火线圈总成计划

工序	内容	工量辅具
1		
2		
3		
4		
5		

微组织 2：老师检查纠错，学生改正错误。微评价：☆☆☆☆☆

2. 请根据拆卸计划实施拆卸，详细总结操作过程中出现的问题，试着分析产生原因，归纳出关键词，用铅笔认真填写在图 1-5-1 中。

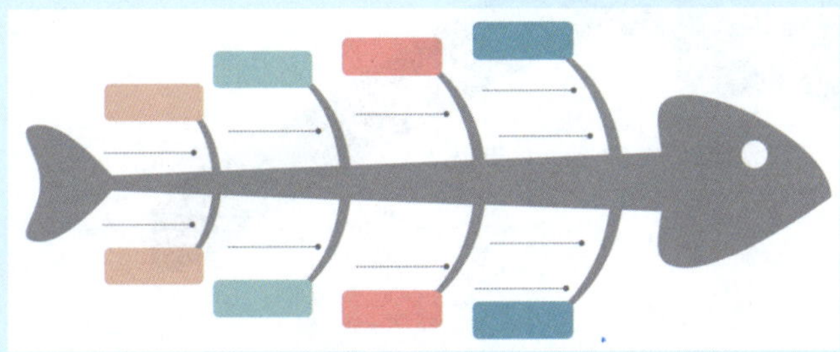

图 1-5-1　拆卸点火线圈总成操作过程中出现的问题与原因

微组织 3：老师检查纠错，学生改正错误。微评价：☆☆☆☆☆

3. 请结合拆卸过程中认识的点火线圈，分辨表 1-5-3 中两个点火线圈的类型。并查阅相关资料将表 1-5-3 中的信息补全。

表 1-5-3　点火线圈的类型

实物图样		
类型	独立点火线圈（笔式点火线圈）□ 分组点火线圈（块式点火线圈）□	独立点火线圈（笔式点火线圈）□ 分组点火线圈（块式点火线圈）□
优点		
缺点		

微组织 4：老师检查纠错，学生改正错误。微评价：☆☆☆☆☆

4. 查阅资料，判断图 1-5-2 中 1 所指位置的线圈是初级线圈还是次级线圈。

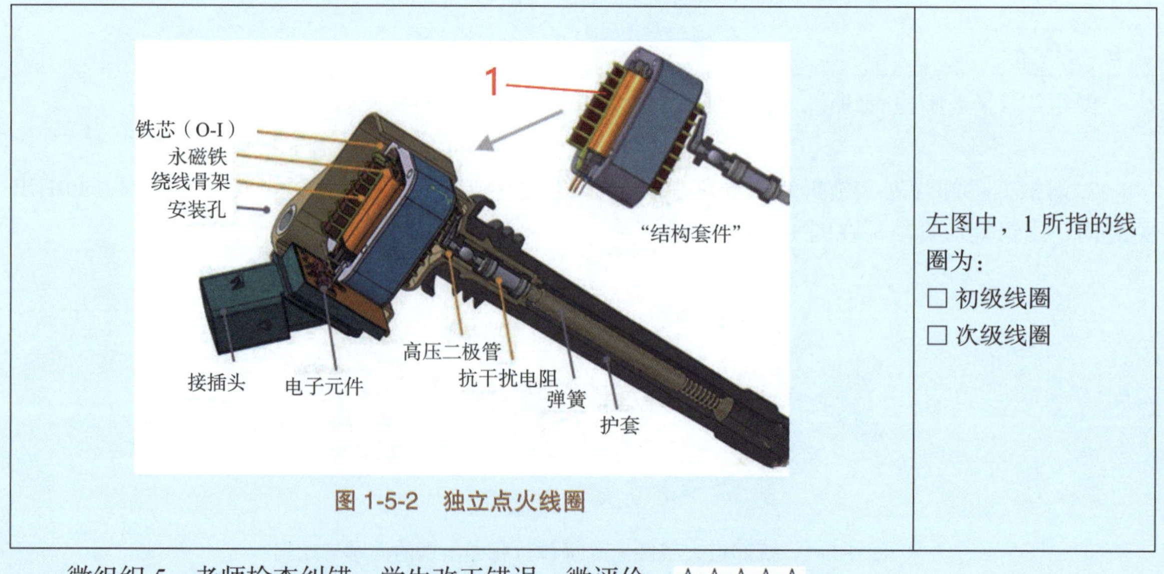

图 1-5-2　独立点火线圈

左图中，1 所指的线圈为：

□ 初级线圈

□ 次级线圈

微组织 5：老师检查纠错，学生改正错误。微评价：☆☆☆☆☆

5. 请结合拆卸气缸盖的实际操作过程，总结应注意的问题，在下面方框中用铅笔认真写出拆卸要求。

微组织 6：老师检查纠错，学生改正错误。微评价：☆☆☆☆☆

步骤三　更换火花塞

1. 请仔细观看老师示范，结合老师讲解、查阅教材和观看相关视频，将更换火花塞计划用铅笔认真填写在表 1-5-4 中。

表 1-5-4　更换火花塞计划

工序	内容	工量辅具
1		
2		
3		
4		
5		
6		
7		
8		
9		
10		

微组织 7：老师检查纠错，学生改正错误。微评价：☆☆☆☆☆

2. 请按照检修计划进行检修，并用铅笔认真填写火花塞检查记录表 1-5-5。

表 1-5-5　火花塞检查记录

序号	项目	技术标准和要求	1 缸	2 缸	3 缸	4 缸
1	外观检查 - 颜色	赤褐色或铁锈色表明火花塞正常	正常□ 可疑□ 异常□	正常□ 可疑□ 异常□	正常□ 可疑□ 异常□	正常□ 可疑□ 异常□
2	外观检查 - 油渍	无油渍	正常□ 可疑□ 异常□	正常□ 可疑□ 异常□	正常□ 可疑□ 异常□	正常□ 可疑□ 异常□
3	外观检查 - 沉积物	无油性沉积物 无黑色沉积物 无灰色沉积物	正常□ 可疑□ 异常□	正常□ 可疑□ 异常□	正常□ 可疑□ 异常□	正常□ 可疑□ 异常□
4	外观检查 - 陶瓷体	无裂纹或断裂	正常□ 可疑□ 异常□	正常□ 可疑□ 异常□	正常□ 可疑□ 异常□	正常□ 可疑□ 异常□
5	外观检查 - 表面	无烧蚀、起疤、黑色纹路、破裂、电极熔化等	正常□ 可疑□ 异常□	正常□ 可疑□ 异常□	正常□ 可疑□ 异常□	正常□ 可疑□ 异常□
6	外观检查 - 电极	中央电极到侧电极的间隙为 0.9 ～ 1.2mm	正常□ 可疑□ 异常□	正常□ 可疑□ 异常□	正常□ 可疑□ 异常□	正常□ 可疑□ 异常□
7	跳火试验	火花强烈且呈蓝白色	正常□ 可疑□ 异常□	正常□ 可疑□ 异常□	正常□ 可疑□ 异常□	正常□ 可疑□ 异常□
结论			继续使用□ 更换□	继续使用□ 更换□	继续使用□ 更换□	继续使用□ 更换□

微组织 8：老师检查纠错，学生改正错误。微评价：☆☆☆☆☆

3. 请结合更换火花塞的实际操作过程，总结应注意的问题，在下面方框中用铅笔认真写出来。

微组织 9：老师检查纠错，学生改正错误。微评价：☆☆☆☆☆

4. 请查阅教材和观看视频，结合更换过程对火花塞的认识，在图 1-5-3 上用铅笔认真写火花塞各部分的名称。

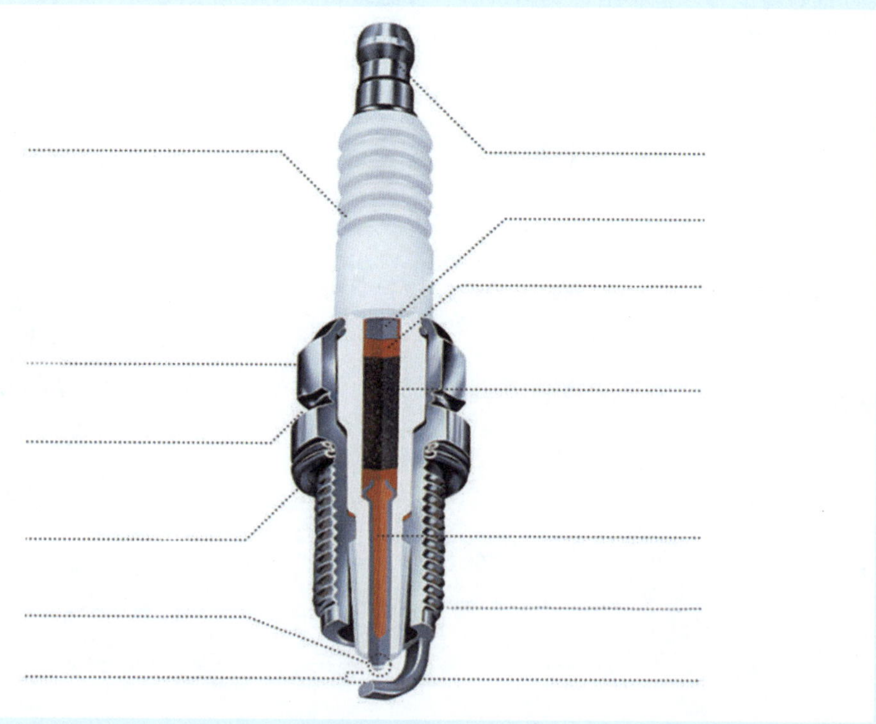

图 1-5-3　火花塞

微组织 10：老师检查纠错，学生改正错误。微评价：☆☆☆☆☆

5. 在选配火花塞时应注意哪些问题，请你在下面方框中用铅笔认真写出来。

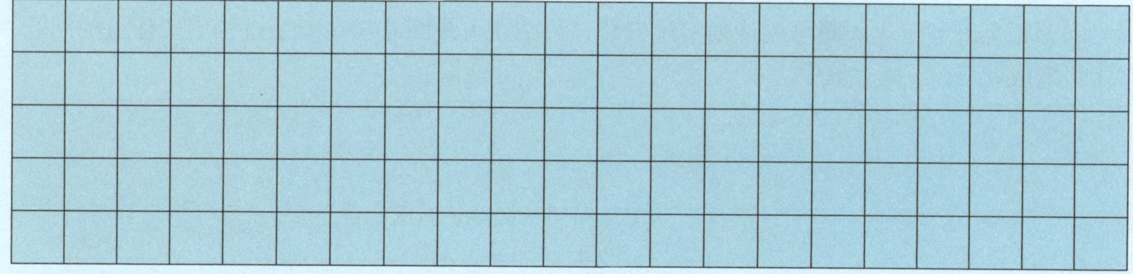

微组织 11：老师检查纠错，学生改正错误。微评价：☆☆☆☆☆

步骤四　安装点火线圈总成

1. 请仔细观看老师示范，结合老师讲解、查阅教材和观看相关视频，将安装点火线圈总成计划用铅笔认真填写在表 1-5-6 中。

表 1-5-6　安装点火线圈总成计划

工序	内容	工量辅具
1		
2		
3		
4		
5		
6		
7		
8		
9		
10		
11		
12		

微组织 12：老师检查纠错，学生改正错误。微评价：☆☆☆☆☆

2. 请根据安装点火线圈总成计划实施安装，总结点火线圈总成在安装过程中应注意的问题，并用铅笔认真写在下面方框中。

微组织 13：老师检查纠错，学生改正错误。微评价：☆☆☆☆☆

案例

案例一：更换火花塞时，未按要求正确选用工具。

车主王先生到某汽修店更换火花塞后，发动机动力变弱，高速时容易熄火，且油耗增加。经到4S店求助维修技师，发现火花塞本身并不存在质量问题，而问题的原因是火花塞未按照规定的扭矩拧紧，导致火花塞螺纹和垫片不能起到预期的密封性能和传热效果，造成火花塞从螺纹处漏气，严重的更会导致侧电极温度过高，造成火花塞失效。事后，车主王先生回到该汽修店找店家理论，店家承认在更换火花塞时，因扭力扳手损坏，又没能够及时更换新的扭力扳手，在使用普通扳手拧紧时怕用力过度导致火花塞陶瓷体破裂，所以没有太用力，导致了此次故障的发生。俗话说，工欲善其事必先利其器，在工作的过程中一定要严格按照要求选用正确的工具进行操作，才能够确保车辆的驾驶体验和行驶安全。

案例二：更换火花塞时，异物掉进燃烧室。

车主张先生的车开了6.5万公里了，一直没有更换火花塞，在某短视频网站购买了火花塞打算自行更换。更换的过程中，因为没有专业的工具和知识储备，导致拆卸旧火花塞时陶瓷体断裂。在取出火花塞时，疑似有陶瓷体碎片沿螺纹孔落入燃烧室内。随后将取出的两段陶瓷体进行拼接时发现确实少了一块。经对专业人士进行咨询，结合掉落碎片大小，建议对发动机汽缸盖进行拆解。

随着汽车越来越普及的今天，通过DIY的形式对车辆进行日常保养的人数越来越多，但是大多数只是按部就班的模仿文字、图片或短视频中方法进行操作，其本身对车辆构造、工具使用、保养时需要注意的事项及应急处置并不了解。再加上缺少专业的工量辅具和施工环境，并不能保证保养效果。

任务六　更换发动机冷却液

步骤一　作业准备

请详细复述作业准备项目与内容，对照表 1-6-1 核准检查。若已准备好，请用铅笔在相应项目内容后的方框内画上“√”；若有遗漏，请补充后再画上“√”。

表 1-6-1　更换空气滤清器作业准备检查表

项目	内容
作业场地	带有消防设施的作业场地□
设备设施	2014 款卡罗拉 1.6L 自动 GL 轿车（1ZR-FE 发动机）□ 1ZR-FE 发动机台架□ 工具车□ 零件车□ 压缩空气□ 举升机□ 车内四件套□ 翼子板布□ 前格栅布□ 垃圾桶□
工量辅具	套筒扳手组合套具□ 散热器盖测试仪□ 冰点测试仪□ 冷却系统测试仪□
耗材	空气滤清器滤芯□ 清洁布□ 防护手套□

微组织 1：老师检查纠错，学生改正错误。微评价：☆☆☆☆☆

步骤二　检查冷却液泄漏

1. 请仔细观看老师示范，结合老师讲解、查阅教材和观看相关视频，将检查冷却液泄漏计划用铅笔认真填写在表 1-6-2 中。

表 1-6-2　检查冷却液泄漏计划

工序	内容	工量辅具
1		
2		
3		
4		
5		
6		
7		
8		
9		
10		

微组织 2：老师检查纠错，学生改正错误。微评价：☆☆☆☆☆

2. 请根据检查冷却液泄漏计划实施检查，详细总结操作过程中出现的问题，试着分析产生原因，归纳出关键词，用铅笔认真填写在图 1-6-1 中。

图 1-6-1　检查冷却液泄漏操作过程中出现的问题与原因

微组织 3：老师检查纠错，学生改正错误。微评价：☆☆☆☆☆

3. 请结合检查冷却液泄漏的实际操作过程，总结应注意的问题，在下面方框中用铅笔认真写出来。

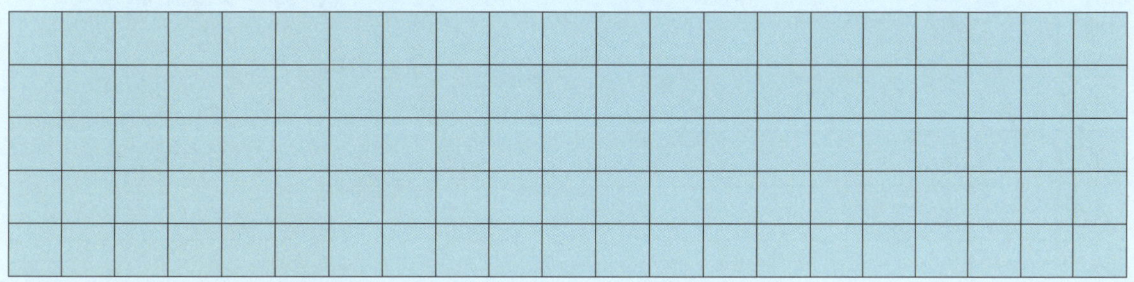

微组织 4：老师检查纠错，学生改正错误。微评价：☆☆☆☆☆

步骤三　排放冷却液

1. 请仔细观看老师示范，结合老师讲解、查阅教材和观看相关视频，将排放冷却液计划用铅笔认真填写在表 1-6-3 中。

表 1-6-3　排放冷却液计划

工序	内容	工量辅具
1		
2		
3		
4		
5		
6		
7		
8		

微组织 5：老师检查纠错，学生改正错误。微评价：☆☆☆☆☆

2. 请结合排放冷却液的实际操作过程，总结应注意的问题，在下面方框中用铅笔认真写出来。

微组织 6：老师检查纠错，学生改正错误。微评价：☆☆☆☆☆

步骤四　加注冷却液并排气

1. 请仔细观看老师示范，结合老师讲解、查阅教材和观看相关视频，将加注冷却液并排气计划用铅笔认真填写在表 1-6-4 中。

表 1-6-4　加注冷却液并排气计划

工序	内容	工量辅具
1		
2		
3		
4		
5		
6		
7		
8		
9		
10		

微组织 7：老师检查纠错，学生改正错误。微评价：☆☆☆☆☆

2. 请根据加注冷却液并排气计划实施安装，总结气缸盖在安装过程中应注意的问题，并用铅笔认真写在下面方框中。

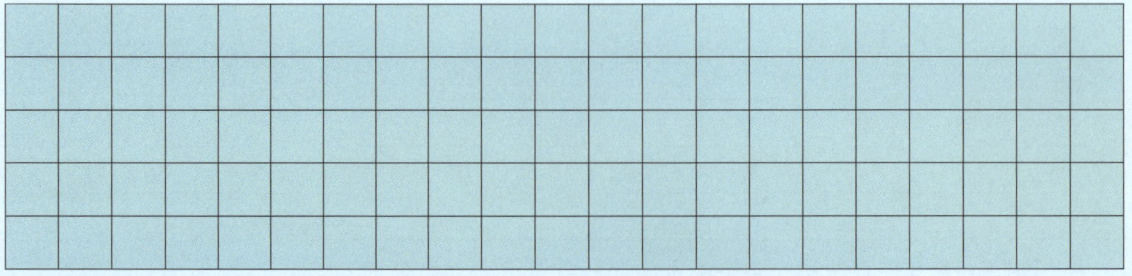

微组织 8：老师检查纠错，学生改正错误。微评价：☆☆☆☆☆

案例

案例一：一瓶“饮料”，差点搭上一条命。

2021 年 7 月，郑州中原，65 岁的袁大爷和同事几人开车出去工作，在车子的网兜里发现了一瓶饮料，这名女同事称自己经常喝这个饮料，特别好喝，袁大爷平时也舍不得买这种饮料，于是便拿给袁大爷喝，于是袁大爷拿过来喝了一口，酸酸的甜甜的，几口下去便都喝完了，可是喝完后，却差一点要了命。送往医院抢救后，终于保住了性命，但是前前后后花了 30 多万的医疗费，据悉这瓶根本不是饮料，而是汽车的发动机冷却液。

发动机冷却液原本是没有颜色的，2021 年 1 月就有 11 名在布利斯参训的美国陆军士兵误将防冻液当作酒精饮用，后被送往军队医疗中心接受治疗，其中两人甚至因病情严重而被送入重症监护室。在我国，为了防止和其他液体弄混，防止人误食，很多厂商也会添加不同的颜色配方，从而进行区分。一般来说乙二醇是绿色，丙二醇是红色带点橘，丙三醇是蓝色的。

近些年来，很多企业为了能够在功能性饮料市场上分一杯羹，特意将饮料制作成了鲜明的颜色来吸引消费者，但这又恰巧与汽车冷却液使用的颜色极为类似，如不加以分别，很容易造成混淆。如果该车主能够提高安全意识，将冷却液装在专用的容器中，或将冷却液存在汽车行李箱中，则可避免此类事件的发生。

案例二：自行配置防冻液，省了小钱，却花了大钱。

技师小王接手了一辆普通型桑塔纳，该车在中低速行驶时防冻液温度正常，当车速达到 100 km/h 时，水温报警灯亮，防冻液随之沸腾。经检查，该车发动机润滑系统、电路均无故障，防冻液液面高度符合要求，水箱盖、各水管连接部位、风扇及其配合使用的热敏开关工作正常，风扇皮带松紧度基本合适，水泵、节温器工作性能良好。由于该车使用年限较长，遂对散热器和发动机水道进行了清洗、除垢，再加入原车防冻液试车，故障依然存在。

后经过与该车驾驶员进一步了解，此车为新近购的二手车。最近天气寒冷，车主自认为精通维修，便给车换上了自己配制的浓度较高的防冻液（70% 的乙二醇防冻剂与 30% 软水混合而成），这样既节省开支，防冻效果又好。听到这里，小王对故障原因有所了解。放出原车防冻液，更换上桑塔纳轿车专用防冻液后，故障现象消失。

防冻液的冰点是由乙二醇的含量决定的。乙二醇含量越高，防冻能力越强。40% 的乙二醇和 60% 的软水混合成的防冻液，防冻温度为 −25℃；当防冻液中乙二醇和水各占 50% 时，防冻温度为 −35℃。一般乙二醇在冷却液中合理含量应为 40% ~ 60% 之间。但如果浓度过高，将会造成散热效果不好，发动机过热。这种危害在发动机中小负荷运转时不太明显，但大负荷高速运转时会造成防冻液温度过高。防冻液价格不高，车主切莫轻易尝试自行配置。

任务七　更换发动机多楔带

步骤一　作业准备

请详细复述作业准备项目与内容，对照表 1-7-1 核准检查。若已准备好，请用铅笔在相应项目内容后的方框内画上“√”；若有遗漏，请补充后再画上“√”。

表 1-7-1　更换发动机多楔带作业准备检查表

项目	内容
作业场地	带有消防设施的作业场地□
设备设施	2014 款卡罗拉 1.6L 自动 GL 轿车（1ZR-FE 发动机）□ 1ZR-FE 发动机台架□ 工具车□ 零件车□ 压缩空气□ 举升机□ 车内四件套□ 翼子板布□ 前格栅布□ 垃圾桶□
工量辅具	套筒扳手组合套具□ 手电筒□ 开口扳手□
耗材	多楔带□ 清洁布□ 防护手套□

微组织 1：老师检查纠错，学生改正错误。微评价：☆☆☆☆☆

步骤二　拆卸多楔带

1. 请仔细观看老师示范，结合老师讲解、查阅教材和观看相关视频，将拆卸多楔带计划用铅笔认真填写在表 1-7-2 中。

表 1-7-2　拆卸多楔带计划

工序	内容	工量辅具
1		
2		
3		
4		
5		
6		
7		
8		

微组织 2：老师检查纠错，学生改正错误。微评价：☆☆☆☆☆

2. 请根据拆卸多楔带计划实施拆卸，详细总结操作过程中出现的问题，试着分析产生原因，归纳出关键词，用铅笔认真填写在图 1-7-1 中。

图 1-7-1　拆卸多楔带操作过程中出现的问题与原因

微组织 3：老师检查纠错，学生改正错误。微评价：☆☆☆☆☆

3. 请结合拆卸多楔带的实际操作过程，总结应注意的问题，在下面方框中用铅笔认真写出来。

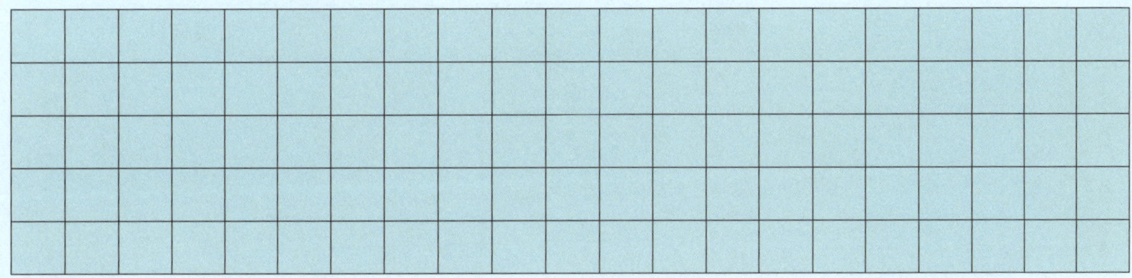

微组织 4：老师检查纠错，学生改正错误。微评价：☆☆☆☆☆

步骤三　安装多楔带

1. 请仔细观看老师示范，结合老师讲解、查阅教材和观看相关视频，将安装多楔带计划用铅笔认真填写在表 1-7-3 中。

表 1-7-3　安装多楔带计划

工序	内容	工量辅具
1		
2		
3		
4		
5		
6		
7		
8		

微组织 5：老师检查纠错，学生改正错误。微评价：☆☆☆☆☆

2. 请结合安装多楔带的实际操作过程，总结应注意的问题，在下面方框中用铅笔认真写出来。

微组织 6：老师检查纠错，学生改正错误。微评价：☆☆☆☆☆

步骤四　检查多楔带

1. 请仔细观看老师示范，结合老师讲解、查阅教材和观看相关视频，将检查多楔带计划用铅笔认真填写在表 1-7-4 中。

表 1-7-4　检查多楔带计划

工序	内容	工量辅具
1		
2		
3		
4		
5		
6		
7		
8		

微组织 7：老师检查纠错，学生改正错误。微评价：☆☆☆☆☆

2. 请根据检查多楔带计划实施检查，总结检查多楔带涨紧度过程中应注意的问题，并用铅笔认真写在下面方框中。

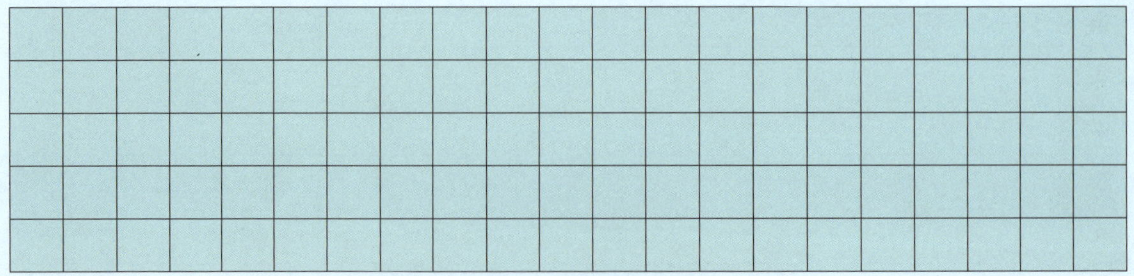

微组织 8：老师检查纠错，学生改正错误。微评价：☆☆☆☆☆

案例

案例一：电机皮带异响，浇点水就好了?

张先生的爱车在行驶了 8 万公里后出现了皮带异响。在某短视频平台中恰巧看到了某主播说用水浇皮带能够解决。经尝试，用水去浇皮带这种方法，异响只是暂时性消失，不过这样的解决方法也只是治标不治本。

皮带异响不是说浇点水就能解决的，虽然浇点水可以使皮带变软，摩擦力增强。可是当水分蒸发之后异响问题依旧会存在，可使用多元醇溶液代替水，这样就能长时间保持皮带的柔韧性。但更重要的是应尽早地更换掉老化的皮带，千万不要往皮带上喷太多的润滑剂，这样反而会使问题更加严重。

案例二：电机皮带异响，紧一紧就好了?

张先生的爱车在行驶了 8 万公里后出现了皮带异响。在浇水没有解决问题之后，自认为有些机械基础的张先生认为是皮带打滑造成的，所以自行对皮带涨紧器进行了紧固调节。试车后异响消失。但高兴没几天的张先生很快就遇到了大麻烦。在一次驾车途中，发电机皮带断裂，导致发动机无法带动发电机给全车电器供电，水泵也不能正常工作，等车辆开到修车部之后已经快“开锅”了。

经维修师傅检查后发现，车辆的电机皮带是因为皮带老化，且涨紧过度所导致断裂的。而皮带异响主要是因为天冷，橡胶硬化，失去弹性，张紧轮表面与橡胶表面打滑形成的。所以，不是皮带松或者紧的原因，而是橡胶太硬，摩擦力下降，造成打滑，摩擦造成异响。最好的解决办法就是更换一根新的皮带。发电机皮带更换一次的费用不是很高，车主们切莫贪了小便宜，却吃了大亏。

笔记栏

项目二　维护保养汽车底盘系统

项目任务单

项目描述	完成 2014 款卡罗拉 1.6 L 自动 GL 轿车底盘系统保养作业
项目要求	符合 2014 款卡罗拉 1.6 L 自动 GL 轿车技术要求与标准，正确使用工具，完成如下保养作业： 1. 更换自动变速器油（ATF）； 2. 更换转向助力油； 3. 更换整车制动液； 4. 更换制动片； 5. 轮胎动平衡
学习目标	1. 能够规范地对自动变速器油进行更换作业； 2. 能够规范地对转向助力油进行更换作业； 3. 能够规范地对整车制动液进行更换作业； 4. 能够更规范地对制动片进行更换作业； 5. 能够规范地进行轮胎动平衡作业； 6. 能够养成自觉遵守技术标准和要求规定、规范操作、安全、环保、“5S”作业的好习惯
项目载体	2014 款卡罗拉 1.6L 自动 GL 轿车底盘系统 
计划学时	20~30 学时

工作页	任课老师		学生姓名		完成 / 未完成
	上课地点		上课时间		优 / 良 / 中 / 及格

项目导入

一、讲一讲：换道超车，长城汽车“重新发明底盘”的故事

发动机、变速箱和底盘被称为汽车三大核心技术。尤其是底盘，因为需要特别深厚缜密的技术积累与积淀，更非短期砸钱所能突破，长期以来，底盘仍不得不依旧依赖外国专家的调教。

随着国产汽车的技术积累和创新，这种情况也在发生改变，长城、长安和吉利等一线车企，纷纷加大在底盘方面的投入，掀起了一场新的技术革命，逐渐瓦解了此前一直高高在上的技术堡垒。

以第八届长城科技节上发布的长城汽车咖啡智能 2.0 智慧线控底盘技术（见下图）为例，该技术借鉴了战斗机上电传飞控设计思路，使用电传信号取代了机械耦合，整合了线控转向、线控制动、线控换挡、线控油门、线控悬挂 5 个核心底盘系统，相对现在的机械底盘，电传更适合自动驾驶，更适合计算机控制，解决了执行端的最关键问题。给未来更先进的自动驾驶打下坚实基础，更是被喻为“重新发明底盘”。

更令人欣喜的是，从电子机械线控制动、转向器、电机、模拟器、控制器等核心硬件到包括整个软件系统，全部由长城自主完成设计，拥有全部自主知识产权，代表着自主品牌在艰苦奋斗几十年后，在底盘这个核心技术堡垒方面，终于用更换跑道的方式，彻底完成了超越。

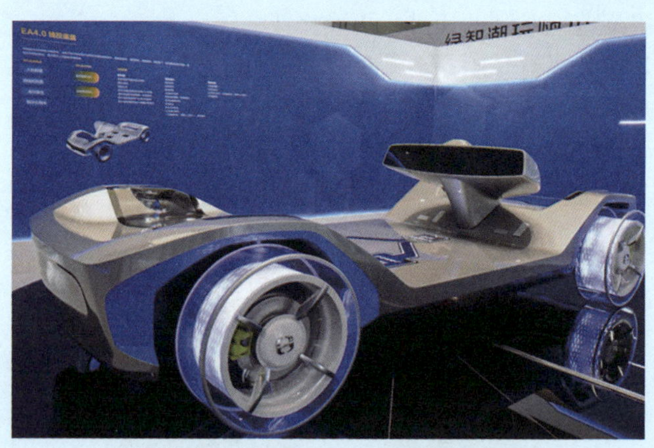

长城汽车咖啡智能 2.0 智慧线控底盘

请问：以长城汽车为代表的自主一线汽车品牌为例，以科技创新、更换赛道的方式，打破了西方汽车强国的层层技术壁垒，将汽车底盘线控技术的全部知识产权牢牢掌握在了中国人自己的手中。体现了国人什么样的信念和品质？你从国产底盘的诞生和发展历程上受到了哪些启发？请用铅笔认真地写在下面方框中。

微组织 1：老师检查纠错，学生改正错误。微评价：☆☆☆☆☆

二、看一看：汽车底盘有哪些系统组成；查一查：汽车底盘有哪些地方需要保养

请查阅教材和观看相关视频，完成下列思考和行动。

1. 请结合下图，陈述并用铅笔概要写出汽车底盘系统的组成，同时思考底盘系统的工作环境。

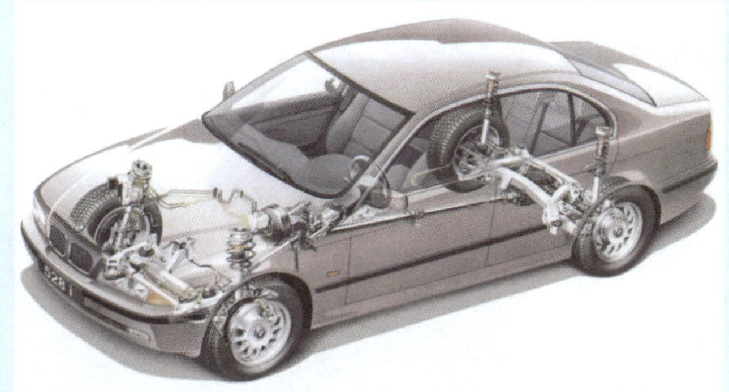

汽车底盘构造示意图

微组织 2：老师检查纠错，学生改正错误。微评价：☆☆☆☆☆

2. 请结合下图用铅笔将五大系统的名称和图例连接在一起。

传动系统	行驶系统	转向系统	制动系统

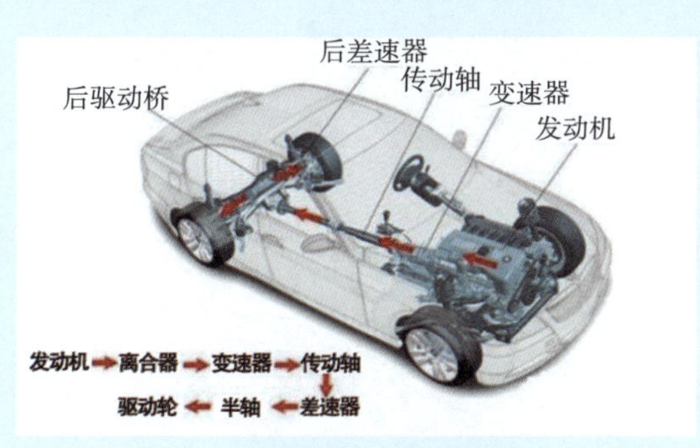

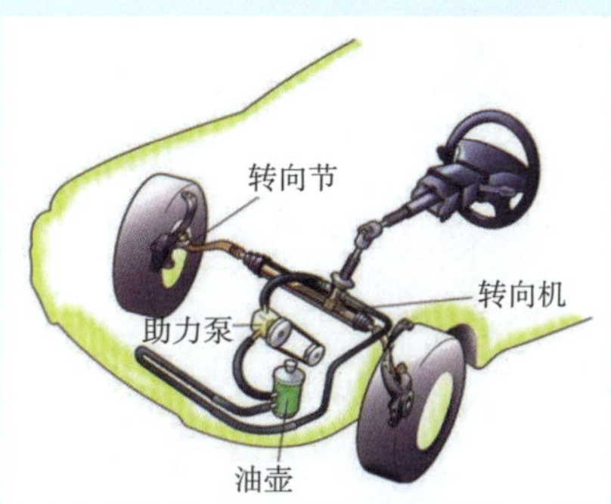

微组织 3：老师检查纠错，学生改正错误。微评价：☆☆☆☆☆

三、安全教育与防护要求

请大声说出安全与防护要求，做好防护准备，同时进行自检和互检。若已完成，请用铅笔在方框内打“√”。

□工作服穿戴要“四紧”；

□严禁佩戴手表等金属首饰；

□严禁摆弄与本次任务无关的设备和工具；

□严禁嬉戏打闹。

微组织 4：老师检查纠错，学生改正错误。微评价：☆☆☆☆☆

项目实施

任务一　更换自动变速箱油

步骤一　作业准备

请详细复述作业准备项目与内容，对照表 2-1-1 核准检查。若已准备好，请用铅笔在相应项目内容后的方框内画上“√”；若有遗漏，请补充后再画上“√”。

表 2-1-1　更换自动变速箱油作业准备检查表

项目	内容
作业场地	带有消防设施且通风条件良好的作业场地 □
设备设施	2014 款卡罗拉 1.6 L 自动 GL 轿车□ 工具车□ 零件车□ 压缩空气□ 车内四件套□ 翼子板布□ 前格栅布□ 举升机□ 垃圾桶□
工量辅具	套筒扳手组合套具□ 扭力扳手□ 漏斗□ 变速箱油循环机□
耗材	自动变速箱油□ 润滑脂□ 清洁布□ 防护手套□

微组织 1：老师检查纠错，学生改正错误。微评价：☆☆☆☆☆

步骤二　举升车辆

1. 请仔细观看老师示范，结合老师讲解、查阅教材和观看相关视频，将举升车辆计划用铅笔认真填写在表 2-1-2 中。

表 2-1-2　举升车辆计划

序号	项目	工序	内容	注意事项
1	举升前准备	1		
		2		
		3		
		4		
		5		
2	举升车辆	1		
		2		
		3		
3	举升机落锁	1		
		2		
		3		
		4		

微组织 2：老师检查纠错，学生改正错误。微评价：☆☆☆☆☆

2. 请按举升车辆计划，总结举升车辆过程中应注意的问题，并用铅笔认真写在下面方框中。

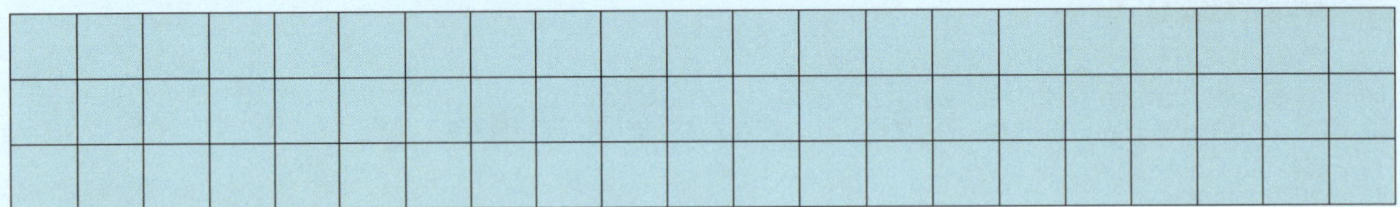

微组织 3：老师检查纠错，学生改正错误。微评价：☆☆☆☆☆

步骤三　检查变速器壳体

1. 请仔细观看老师示范，结合老师讲解、查阅教材和观看相关视频，将检查变速器壳体计划用铅笔认真填写在表 2-1-3 中。

表 2-1-3　检查变速箱壳体计划

工序	内容	工量辅具
1		
2		
3		
4		
5		

微组织 4：老师检查纠错，学生改正错误。微评价：☆☆☆☆☆

2. 请用铅笔在下面方框中写出检查变速箱壳体过程中，应注意哪些问题。

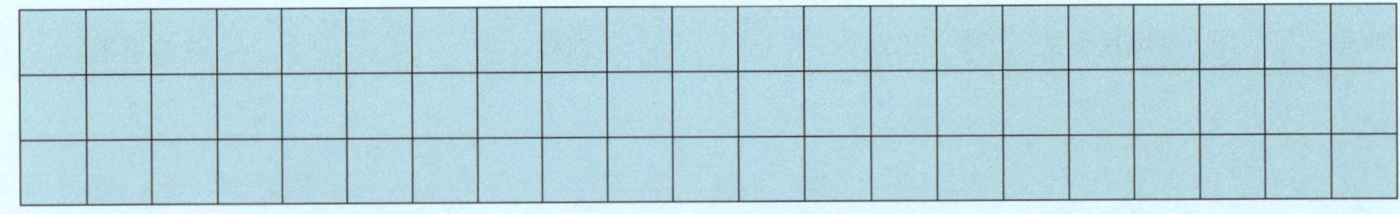

微组织 5：老师检查纠错，学生改正错误。微评价：☆☆☆☆☆

3. 请根据检查变速器壳体计划检车变速箱壳体外部有无泄露，详细总结操作过程中出现的问题，试着分析产生原因，并归纳出关键词，用铅笔认真填写在图 2-1-1 中。

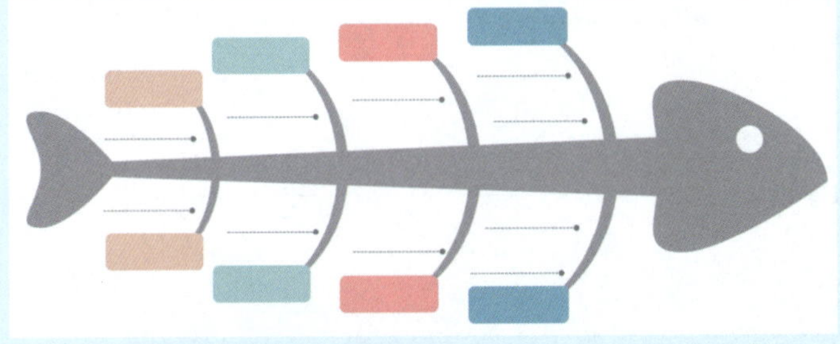

图 2-1-1　检查变速箱壳体泄露过程中出现的问题与原因

微组织 6：老师检查纠错，学生改正错误。微评价：☆☆☆☆☆

步骤四　更换变速箱油

1. 请仔细观看老师示范，结合老师讲解、查阅教材和观看相关视频，将更换变速箱油计划用铅笔认真填写在表 2-1-4 中。

表 2-1-4　更换变速箱油计划

工序	内容	工量辅具
1		
2		
3		
4		
5		
6		
7		
8		
9		

微组织 7：老师检查纠错，学生改正错误。微评价：☆☆☆☆☆

2. 请用铅笔在下面方框中写出更换变速箱油过程中，应注意哪些问题。

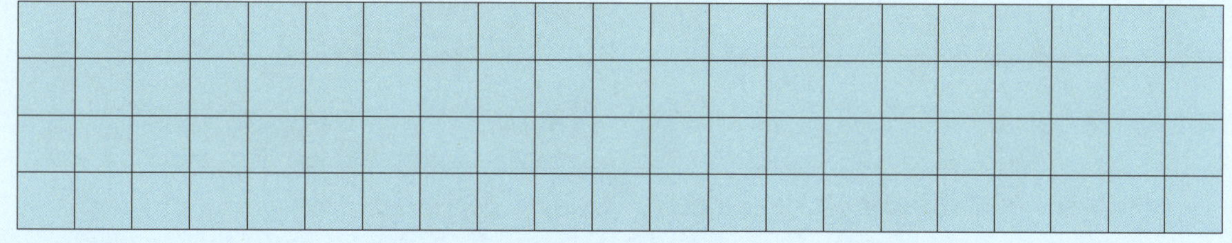

微组织 8：老师检查纠错，学生改正错误。微评价：☆☆☆☆☆

3. 请根据更换变速箱油计划更换变速箱油，详细总结操作过程中出现的问题，试着分析产生原因，并归纳出关键词，用铅笔认真填写在图 2-1-2 中。

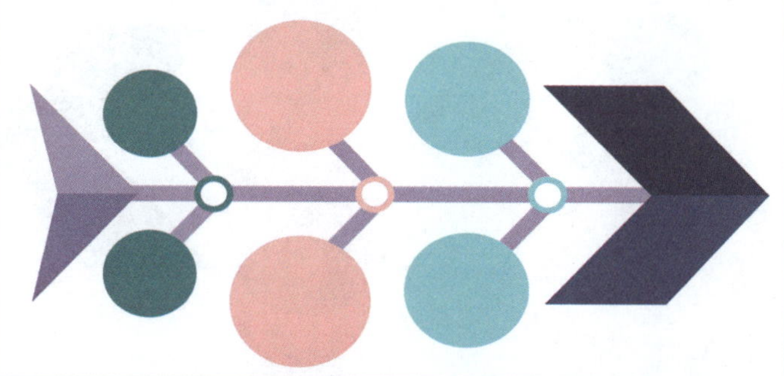

图 2-1-2　更换变速箱油操作过程中出现的问题与原因

微组织 9：老师检查纠错，学生改正错误。微评价：☆☆☆☆☆

步骤五　检查自动变速器油量

1. 请仔细观看老师示范，结合老师讲解、查阅教材和观看相关视频，将检查自动变速器油量计划用铅笔认真填写在表 2-1-5 中。

表 2-1-5　检查自动变速器油量计划

工序	内容	工量辅具
1		
2		
3		
4		
5		
6		
7		
8		

微组织 10：老师检查纠错，学生改正错误。微评价：☆☆☆☆☆

2. 请根据检查自动变速器油量计划，总结在检查自动变速器油量的工作过程中应注意的问题，并用铅笔认真写在下面方框中。

微组织 11：老师检查纠错，学生改正错误。微评价：☆☆☆☆☆

3. 请根据检查自动变速箱油量计划，详细总结操作过程中出现的问题，试着分析产生原因，并归纳出关键词，用铅笔认真填写在图 2-1-3 中。

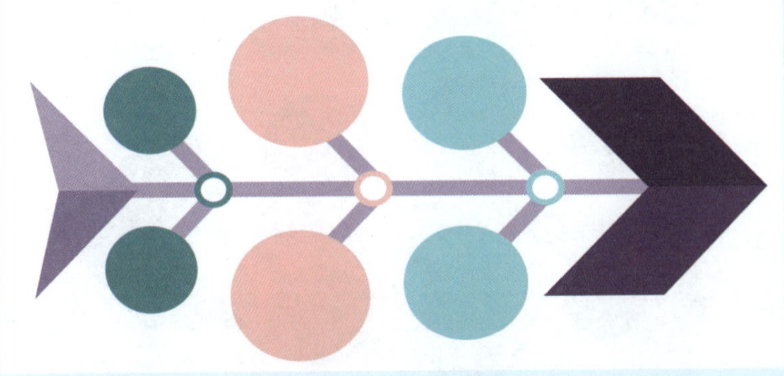

图 2-1-3　检查变速箱油量操作过程中出现的问题与原因

微组织 12：老师检查纠错，学生改正错误。微评价：☆☆☆☆☆

案例

案例一：一台没换过变速箱油 mini。

小张的爱车是宝马集团旗下 mini，配备了爱信的变速箱，保养手册上写的是免维护，车主也深信不疑是不需要更换变速箱油的。然而进行保养的时候，4s 店的员工告知车主，7 万公里早就该更换变速箱的油了。车主认为 4s 店是在让他过度保养。并指出保养手册上写的是免维护的。4s 店的员工和机修师傅进行了沟通，机修师傅仍然建议进行更换，如不信任，可直接咨询爱信官方客服。最终，不满意的小张自己打爱信官方客服的电话进行咨询，爱信官方的回答是两年 4 万公里的时候更换最好。所以说大家不要相信免维护这种东西，别看简简单单几个字里面可是大有猫腻。一个 D 档可以走天下，但一箱变速箱油不能走天下。

案例二：更换变速箱油时未更换滤芯。

赵先生有一台凯美瑞用来做网约车。为了图方便，节省时间，每次保养都是在家楼下汽修店进行的。近期第二次更换变速箱油之后能听到变速箱嗤嗤地响，感觉像是水流的声音，后来提速感觉慢半拍的样子，能够感受到变速箱有打滑。最终，经 4S 店鉴定后确认为自动变速箱离合器片损伤导致的打滑。在对变速箱进行进一步拆解时发现自动变速箱滤芯已经严重堵塞，也正是因为滤芯堵塞，最终阀体受伤，变速箱打滑，离合器片全部损伤！

换自动变速箱油一定别忘记了换滤芯，虽说换滤芯比较费事，必须得拆油底壳，但是一般变速箱油脏了的话很多油泥或者脏东西都在滤芯里呢，时间长了，滤芯会堵塞，影响供油，就会损伤离合器片！无论如何，换滤芯总比换离合器划算！

任务二　更换转向助力油

步骤一　作业准备

请详细复述作业准备项目与内容，对照表 2-2-1 核准检查。若已准备好，请用铅笔在相应项目内容后的方框内画上“√”；若有遗漏，请补充后再画上“√”。

表 2-2-1　更换发动机机油及机油滤清器作业准备检查表

项目	内容
作业场地	带有消防设施且通风条件良好的作业场地 □
设备设施	2014 款卡罗拉 1.6L 自动 GL 轿车 □ 工具车□ 零件车□ 压缩空气 □ 车内四件套□ 翼子板布□ 前格栅布□ 举升机□ 垃圾桶□
工量辅具	套筒扳手组合套具□ 预置式扭力扳手□ 抽油机□
耗材	转向助力油□ 清洁布□ 防护手套□

微组织 1：老师检查纠错，学生改正错误。微评价：☆☆☆☆☆

步骤二　抽出旧转向助力油

1. 请仔细观看老师示范，结合老师讲解、查阅教材和观看相关视频，将抽出旧转向助力油计划用铅笔认真填写在表 2-2-2 中。

表 2-2-2　抽出旧转向助力油计划

工序	内容	工量辅具
1		
2		
3		
4		
5		
6		
7		
8		
9		
10		
11		

微组织 2：老师检查纠错，学生改正错误。微评价：☆☆☆☆☆

2. 请用铅笔在下面方框中写出抽出旧转向助力油的过程中，应注意哪些问题。

微组织 3：老师检查纠错，学生改正错误。微评价：☆☆☆☆☆

3. 请根据计划更换变速箱油，详细总结操作过程中出现的问题，试着分析产生原因，并归纳出关键词，用铅笔认真填写在图 2-2-1 中。

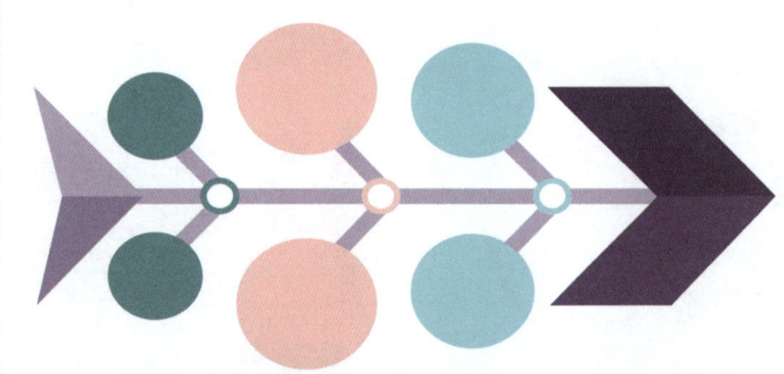

图 2-2-1　抽出旧转向助力油操作过程中出现的问题与原因

微组织 4：老师检查纠错，学生改正错误。微评价：☆☆☆☆☆

步骤三　添加新转向助力油

1. 请仔细观看老师示范，结合老师讲解、查阅教材和观看相关视频，将添加新转向助力油计划用铅笔认真填写在表 2-2-3 中。

表 2-2-3　添加新转向助力油计划

工序	内容	工量辅具
1		
2		
3		
4		
5		
6		
7		
8		
9		
10		
11		

微组织 5：老师检查纠错，学生改正错误。微评价：☆☆☆☆☆

2. 请写出添加转向助力油时，应注意哪些问题？

微组织 6：老师检查纠错，学生改正错误。微评价：☆☆☆☆☆

3. 请根据添加新转向助力油计划，详细总结操作过程中出现的问题，试着分析产生原因，并归纳出关键词，用铅笔认真填写在图 2-2-2 中。

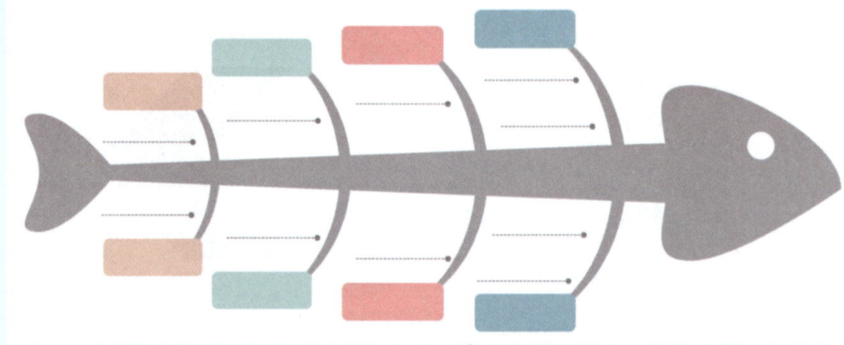

图 2-2-2　添加新转向助力油操作过程中出现的问题与原因

微组织 7：老师检查纠错，学生改正错误。微评价：☆☆☆☆☆

步骤四　清洗转向助力油管路

1. 请仔细观看老师示范，结合老师讲解、查阅教材和观看相关视频，将清洗转向助力油管路计划用铅笔认真填写在表 2-2-4 中。

表 2-2-4　清洗转向助力油管路计划

工序	内容	工量辅具
1		
2		
3		
4		
5		
6		
7		
8		
9		
10		

微组织 8：老师检查纠错，学生改正错误。微评价：☆☆☆☆☆

2. 请写出清洗转向助力油管路时，应注意哪些问题？

微组织 9：老师检查纠错，学生改正错误。微评价：☆☆☆☆☆

3. 请根据清洗转向助力油管路计划，详细总结操作过程中出现的问题，试着分析产生原因，并归纳出关键词，用铅笔认真填写在图 2-2-3 中。

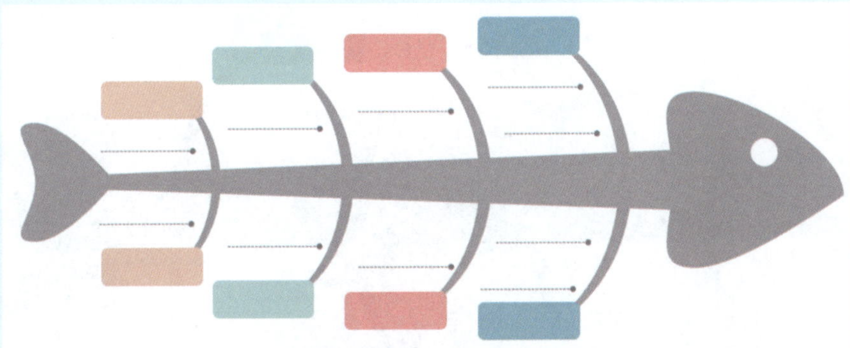

图 2-2-3　清洗转向助力油管路操作过程中出现的问题与原因

微组织 10：老师检查纠错，学生改正错误。微评价：☆☆☆☆☆

步骤五　添加并检查转向助力油油量

1. 请仔细观看老师示范，结合老师讲解、查阅教材和观看相关视频，将添加并检查转向助力油油量计划用铅笔认真填写在表 2-2-5 中。

表 2-2-5　添加并检查转向助力油油量计划

工序	内容	工量辅具
1		
2		
3		
4		
5		
6		
7		
8		

微组织 11：老师检查纠错，学生改正错误。微评价：☆☆☆☆☆

2. 请写出添加并检查转向助力油时，应注意哪些问题？

微组织 12：老师检查纠错，学生改正错误。微评价：☆☆☆☆☆

3. 请根据添加并检查转向助力油油量计划，总结在添加并检查转向助力油油量的工作过程中应注意的问题，并用铅笔认真写在图 2-2-4 中。

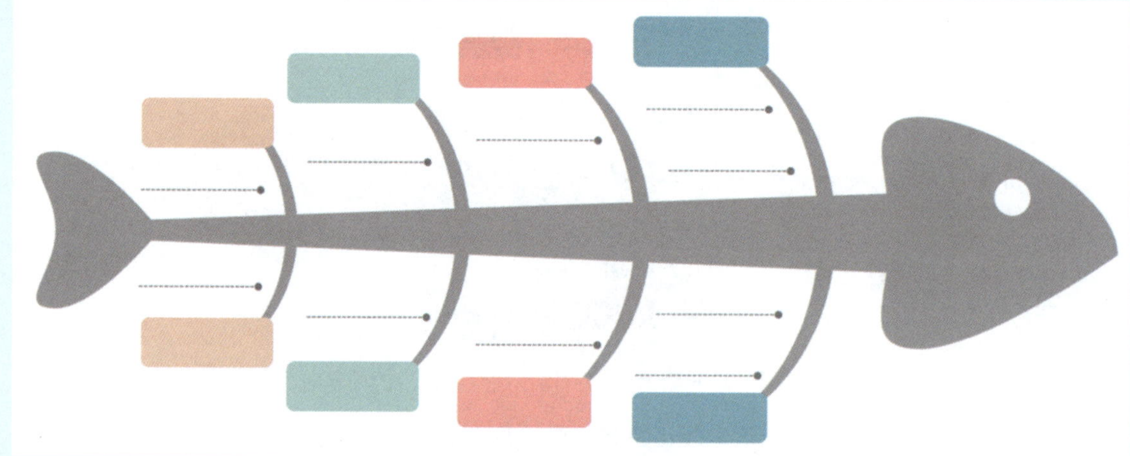

图 2-2-4　添加并检查过程中出现的问题与原因

案例

案例一：更换原厂全新转向助力泵后异响依旧。

吴先生有一台2004年菲亚特1.5PP，近期发动机舱右前侧有严重异响。经修理厂判断是转向助力泵异响，因为近期更换的正时皮带和涨紧轮还有水泵，各个惰轮都检查过，没有其他异响，发电机也刚刚换过新的，也不可能是发电机轴承的问题，所以初步判定是助力泵的问题。尝试了更换助力油、助力油壶、拿掉滤网等各种方法一概无效。最终决定更换一个原厂助力泵，但是换上后异响依旧！

经过不懈努力，查找异响的根源是助力泵的回油管堵塞，压力供不上，所以有异响，在清洗转向机和油管后，异响问题得以解决！汽车维护与保养是保障车辆驾驶体验的关键因素，建议到正规4S店或机修厂进行保养作业，避免过度维修或者过度保养。

案例二：更换转向助力油之后方向盘转不动了。

2018年3月，某马自达车主到修理店保养时发现助力油管有渗油现象，更换转向助力高压油管和转向助力油，开回家后低速进小区时突然方向盘失去助力。熄火重新启动发动机后又恢复正常。隔天早上开车上班一切正常，到公司后，低速拐弯又不行了，遂返回修理店。维修师傅判断可能里面气没排干净，又重新排了一次空气。试车时一切正常，但离开后不久故障再次出现。

最后发现是换油管时操作不当把转向助力泵搞坏了。换上新的转向助力泵之后，故障消失，没有再出现。

任务三　更换整车制动液

步骤一　作业准备

请详细复述作业准备项目与内容，对照表 2-3-1 核准检查。若已准备好，请用铅笔在相应项目内容后的方框内画上“√”；若有遗漏，请补充后再画上“√”。

表 2-3-1　更换整车制动液作业准备检查表

项目	内容
作业场地	带有消防设施且通风条件良好的作业场地 □
设备设施	2014 款卡罗拉 1.6 L 自动 GL 轿车 □ 工具车□ 零件车□ 压缩空气 □ 车内四件套□ 翼子板布□ 前格栅布□ 举升机□ 垃圾桶□
工量辅具	套筒扳手组合套具□ 扭力扳手□ 手动真空泵及引流管□ 制动液检测仪□
耗材	制动液□ 清洁布□ 防护手套□

微组织 1：老师检查纠错，学生改正错误。微评价：☆☆☆☆☆

步骤二　检查制动液

1. 请仔细观看老师示范，结合老师讲解、查阅教材和观看相关视频，将检查制动液计划用铅笔认真填写在表 2-3-2 中。

表 2-3-2　检查制动液计划

工序	内容	工量辅具
1		
2		
3		
4		
5		
6		

微组织 2：老师检查纠错，学生改正错误。微评价：☆☆☆☆☆

2. 请写出检查制动液时，应注意哪些问题？

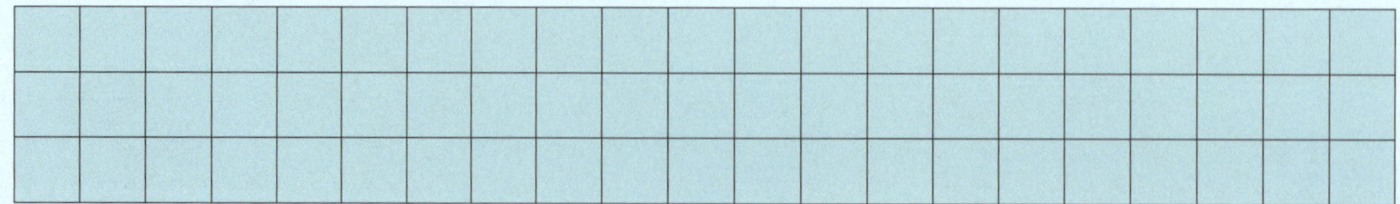

微组织 3：老师检查纠错，学生改正错误。微评价：☆☆☆☆☆

3. 请根据检查制动液计划，详细总结操作过程中出现的问题，试着分析产生原因，并归纳出关键词，用铅笔认真填写在图 2-3-1 中。

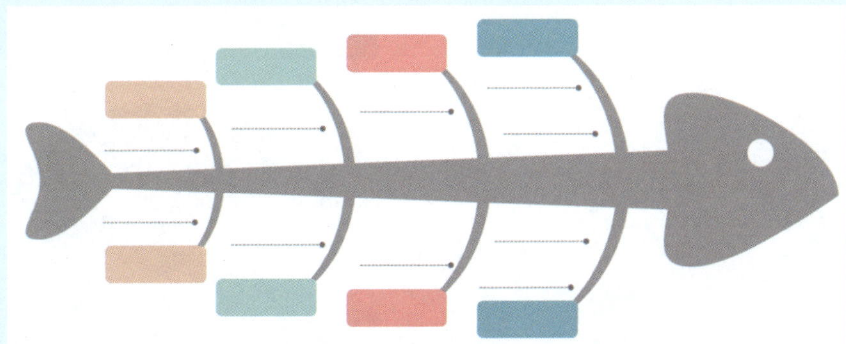

图 2-3-1　检查制动液过程中出现的问题与原因

微组织 4：老师检查纠错，学生改正错误。微评价：☆☆☆☆☆

步骤三　排放制动液

1. 请仔细观看老师示范，结合老师讲解、查阅教材和观看相关视频，将排放制动液计划用铅笔认真填写在表 2-3-3 中。

表 2-3-3　排放制动液计划

工序	内容	工量辅具
1		
2		
3		
4		
5		
6		
7		
8		
9		
10		

微组织 5：老师检查纠错，学生改正错误。微评价：☆☆☆☆☆

2. 请写出发动机机油有哪些种类及各种类之间的区别。

微组织 6：老师检查纠错，学生改正错误。微评价：☆☆☆☆☆

3. 请根据排放制动液计划，详细总结操作过程中出现的问题，试着分析产生原因，并归纳出关键词，用铅笔认真填写在图 2-3-2 中。

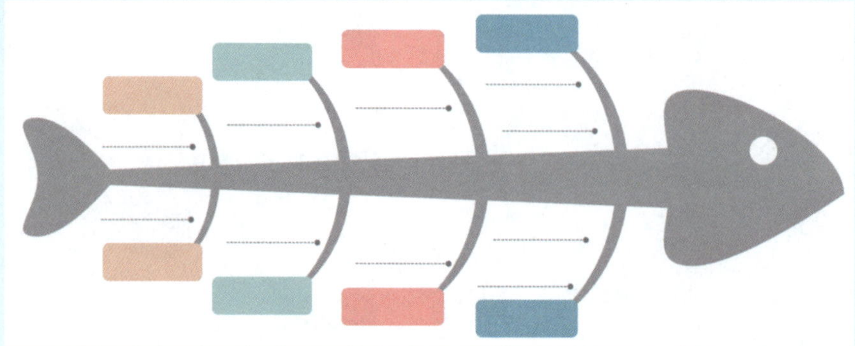

图 2-3-2　排放制动液操作过程中出现的问题与原因

微组织 7：老师检查纠错，学生改正错误。微评价：☆☆☆☆☆

步骤四　添加制动液

1. 请仔细观看老师示范，结合老师讲解、查阅教材和观看相关视频，将添加制动液计划用铅笔认真填写在表 2-3-4 中。

表 2-3-4　添加制动液计划

工序	内容	工量辅具
1		
2		
3		
4		
5		
6		
7		
8		
9		
10		

微组织 8：老师检查纠错，学生改正错误。微评价：☆☆☆☆☆

2. 请写出在添加制动液时，应注意哪些问题？

微组织 9：老师检查纠错，学生改正错误。微评价：☆☆☆☆☆

3. 请根据计划添加新的制动液，详细总结操作过程中出现的问题，试着分析产生原因，并归纳出关键词，用铅笔认真填写在图 2-3-3 中。

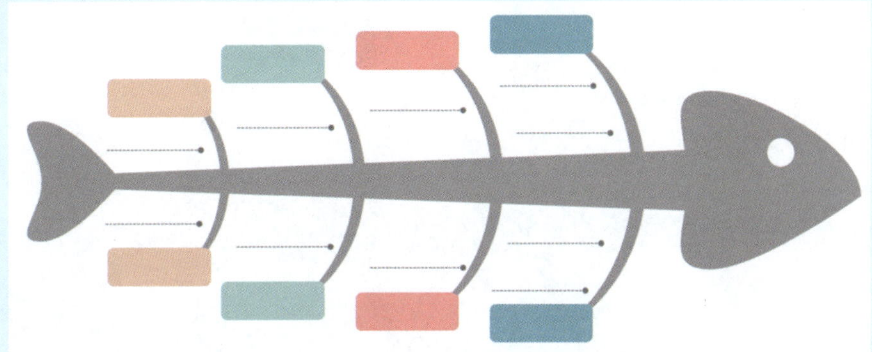

图 2-3-3　添加制动液操作过程中出现的问题与原因

微组织 10：老师检查纠错，学生改正错误。微评价：☆☆☆☆☆

步骤五　制动系统排放空气

1. 请仔细观看老师示范，结合老师讲解、查阅教材和观看相关视频，将制动系统排放空气计划用铅笔认真填写在表 2-3-5 中。

表 2-3-5　制动系统排放空气计划

工序	内容	工量辅具
1		
2		
3		
4		
5		
6		
7		
8		
9		
10		

微组织 11：老师检查纠错，学生改正错误。微评价：☆☆☆☆☆

2. 请写出在排放制动系统空气时，应注意哪些问题？

微组织 12：老师检查纠错，学生改正错误。微评价：☆☆☆☆☆

3. 请根据制动系统中排放空气计划，详细总结操作过程中出现的问题，试着分析产生原因，并归纳出关键词，用铅笔认真填写在图 2-3-4 中

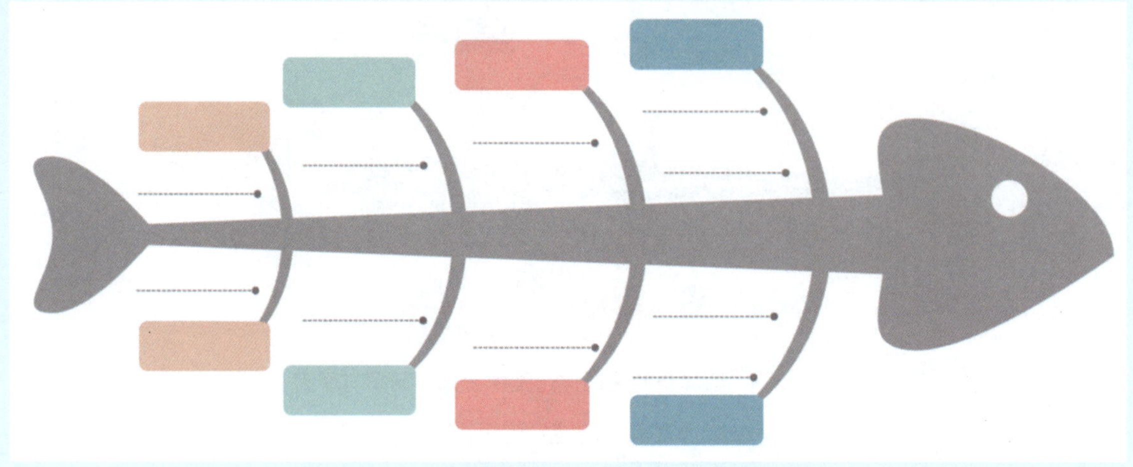

图 2-3-4　添加制动液操作过程中出现的问题与原因

微组织 13：老师检查纠错，学生改正错误。微评价：☆☆☆☆☆

案例

案例一：宝马车突然刹车失灵，无奈撞向路边车辆。

2019 年 4 月，周女士的宝马车在 4S 店做全车检测时，4S 店说她车上的制动液快到期了，需要尽快更换制动液。在保养之后的第 6 天，周女士的刹车失灵，撞上了另一台车。经检测，造成此次刹车失灵的原因是制动液过低。制动液的质量对于汽车来说是非常重要的，加注不足时会造成制动系统压力不足，影响车辆的制动力，有严重的行车安全隐患。事后，周女士向 4S 店进行了维权。

案例二：丧尽天良，竟然在刹车油里加酒精。

2009 年，某市一汽修学徒工小亮的师傅在向前来做保养的客户推销新型刹车片时遭到拒绝，并被客户投诉。

做完保养之后，师傅很仔细地检查了车主的车子。不过他的仔细另有目的，他往车子的刹车油里放了一些酒精。师傅得意地告诉小亮："走着瞧吧，他很快还会来找我。"果不其然，一周后那辆车就出了问题。因为刹车油里有酒精，造成整个刹车套件变硬，加速刹车系统的磨损，时间长了就会感觉到刹不住车。师傅把磨损的部位指给车主看，语重心长地教训他说："你养车经验不足，还不听我劝，这下整个刹车系统都得换了。"

不过在得到这个绝技的同时，小亮也被其他师傅警告，这种技术轻易没人敢用，但碰上急着用钱的维修工还真不好说。让他千万别用这种伤天害理的招数，小亮很担心此类事件再次发生，遂向媒体揭发了此类招数，以免更多人上当受骗，乃至付出生命危险。

案例中的师傅显然已经精通了修车的技能，但比起修车，我们更应该先修心。中国几千年的教育制度，始终把品行、德行教育放在首位。例如"行有余力，则以学文"，强调首先把品行、德行修养好，再去学习文化知识、科学知识。如果没有品行的支撑，能力越大、本事越强，其危害性也就越大。

任务四　更换制动片

步骤一　作业准备

请详细复述作业准备项目与内容，对照表 2-4-1 核准检查。若已准备好，请用铅笔在相应项目内容后的方框内画上“√”；若有遗漏，请补充后再画上“√”。

表 2-4-1　更换制动片作业准备检查表

项目	内容
作业场地	带有消防设施的作业场地□
设备设施	2014 款卡罗拉 1.6L 自动 GL 轿车□ 工具车□ 零件车□ 压缩空气□ 车内四件套□ 翼子板布□ 前格栅布□ 举升机□ 垃圾桶□
工量辅具	套筒扳手组合套具□ 预置式扭力扳手□ 制动液抽夜壶□ 千分尺□
耗材	制动片□ 清洁布□ 防护手套□

微组织 1：老师检查纠错，学生改正错误。微评价：☆☆☆☆☆

步骤二　检查制动片

1. 请仔细观看老师示范，结合老师讲解、查阅教材和观看相关视频，将检查制动片计划用铅笔认真填写在表 2-4-2 中。

表 2-4-2　检查制动片计划

工序	内容	工量辅具
1		
2		
3		
4		
5		
6		
7		
8		
9		

微组织 2：老师检查纠错，学生改正错误。微评价：☆☆☆☆☆

2. 请写出在检查制动片时，应注意哪些问题？

微组织 3：老师检查纠错，学生改正错误。微评价：☆☆☆☆☆

3. 请根据检查制动片计划，详细总结操作过程中出现的问题，试着分析产生原因，并归纳出关键词，用铅笔认真填写在图 2-4-1 中

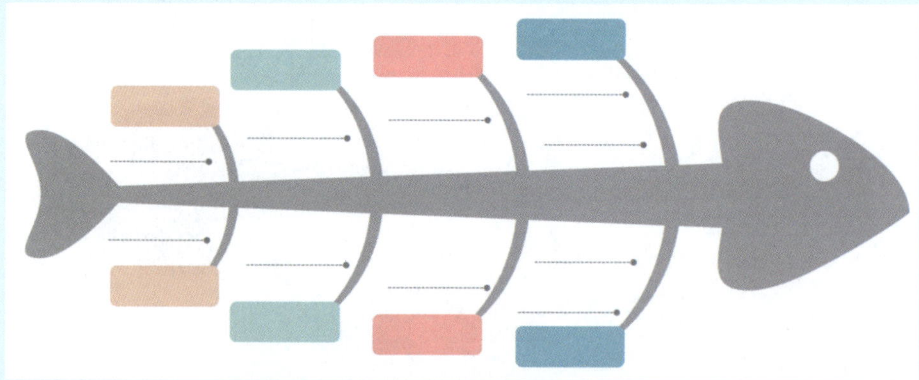

图 2-4-1　检查制动片过程中出现的问题与原因

微组织 4：老师检查纠错，学生改正错误。微评价：☆☆☆☆☆

步骤三　拆卸钳盘式制动片

1. 请仔细观看老师示范，结合老师讲解、查阅教材和观看相关视频，将拆卸钳盘式制动片计划用铅笔认真填写在表 2-4-3 中。

表 2-4-3　拆卸钳盘式制动片计划

工序	内容	工量辅具
1		
2		
3		
4		
5		
6		
7		
8		
9		
10		

微组织 5：老师检查纠错，学生改正错误。微评价：☆☆☆☆☆

2. 请写出在拆卸钳盘式制动片时，应注意哪些问题？

微组织 6：老师检查纠错，学生改正错误。微评价：☆☆☆☆☆

3. 请根据拆卸钳盘式制动片计划，详细总结操作过程中出现的问题，试着分析产生原因，并归纳出关键词，用铅笔认真填写在图 2-4-2 中。

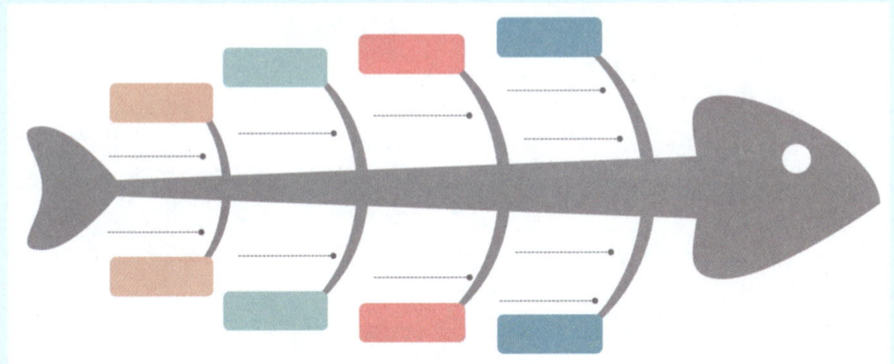

图 2-4-2　拆卸钳盘式制动片操作过程中出现的问题与原因

微组织 7：老师检查纠错，学生改正错误。微评价：☆☆☆☆☆

步骤四　安装钳盘式制动片

1. 请仔细观看老师示范，结合老师讲解、查阅教材和观看相关视频，将安装钳盘式制动片计划用铅笔认真填写在表 2-4-4 中。

表 2-4-4　钳盘式安装制动片计划

工序	内容	工量辅具
1		
2		
3		
4		
5		
6		
7		
8		
9		
10		

微组织 8：老师检查纠错，学生改正错误。微评价：☆☆☆☆☆

2. 请写出在安装钳盘式制动片时，应注意哪些问题？

微组织 9：老师检查纠错，学生改正错误。微评价：☆☆☆☆☆

3. 请根据安装钳盘式制动片计划，详细总结操作过程中出现的问题，试着分析产生原因，并归纳出关键词，用铅笔认真填写在图 2-4-3 中。

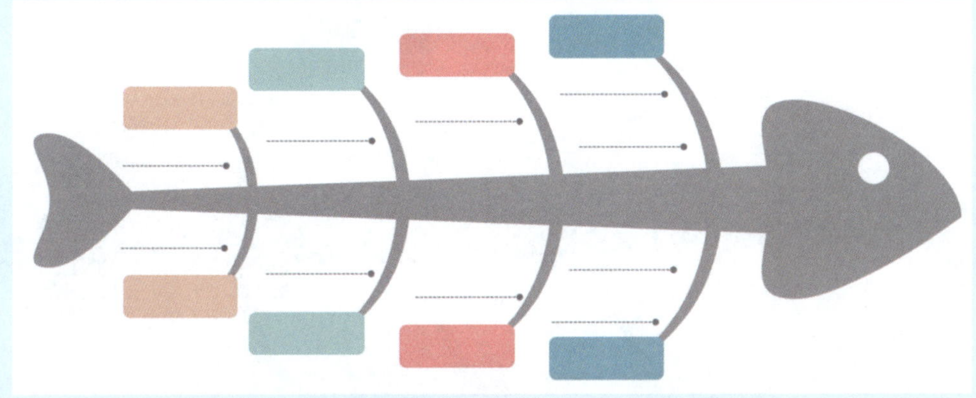

图 2-4-3　安装钳盘式制动片操作过程中出现的问题与原因

微组织 10：老师检查纠错，学生改正错误。微评价：☆☆☆☆☆

步骤五　评估钳盘式制动片更换效果

1. 请仔细观看老师示范，结合老师讲解、查阅教材和观看相关视频，将评估钳盘式制动片更换效果计划用铅笔认真填写在表 2-4-5 中。

表 2-4-5　评估钳盘式制动片更换效果计划

工序	内容	工量辅具
1		
2		
3		
4		
5		
6		

微组织 11：老师检查纠错，学生改正错误。微评价：☆☆☆☆☆

2. 请写出在评估钳盘式制动片时，应注意哪些问题？

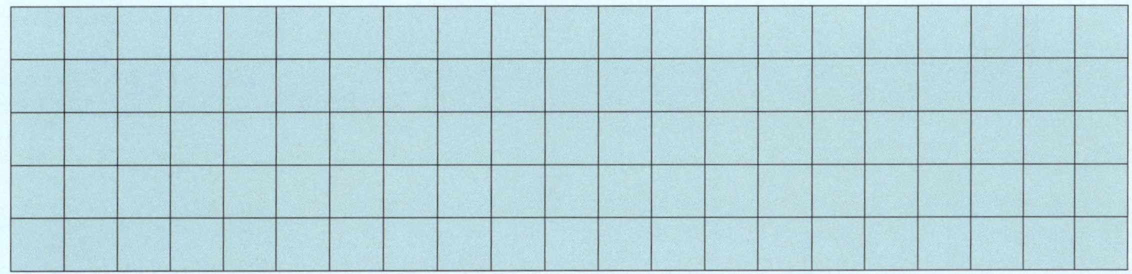

微组织 12：老师检查纠错，学生改正错误。微评价：☆☆☆☆☆

3. 请根据评估钳盘式制动片计划的更换效果，详细总结操作过程中出现的问题，试着分析产生原因，并归纳出关键词，用铅笔认真填写在图 2-4-4 中。

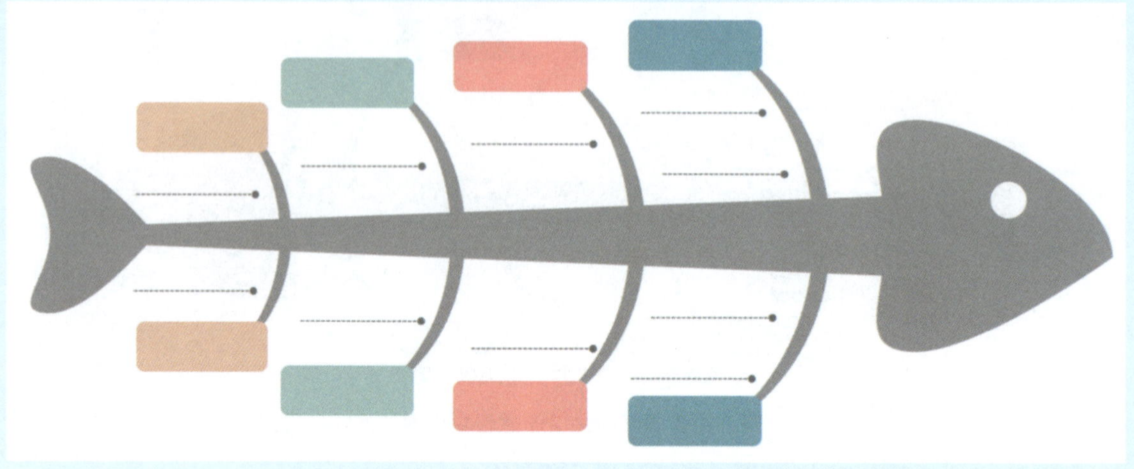

图 2-4-4　评估钳盘式制动片更换效果过程中出现的问题与原因

微组织 13：老师检查纠错，学生改正错误。微评价：☆☆☆☆☆

案例

案例一：汽车售后维权难。

四川的黄先生有一辆 2016 款的宝来，购于 2016 年 10 月，行驶了 11 200 公里。该车的制动系统一直存在问题，黄先生称每当车辆刹车时，前轮就会发出十分清脆的一声异响，夏天时冷车启动异响尤其明显，热车时异响却又是断断续续的；而进入冬季，无论是冷车启动还是热车启动，异响声都特别明显。

黄先生给 4S 店反映过很多次异响的问题，而 4S 店给出的答复是“刹车片材质过硬造成的”，但黄先生始终认为制动系统存在质量问题，双方一直持有不同意见，问题始终得不到合理的解决办法。

随后，黄先生在汽车投诉网上发表了相关投诉，希望通过投诉得到厂家重视，并能对问题作出合理解释和合理的处理方案。原来异响原因为刹车片的设计缺陷所致，黄先生在网站上发表投诉以后，问题得到厂家的重视，且最终更换了刹车片解决了车辆刹车异响的问题。

汽车是商品，是商品就可能会有瑕疵，有责任感的企业会第一时间修正设计缺陷。我国也在 2004 年 10 月 1 日起正式开始实施《缺陷汽车产品召回管理规定》，近几年国内汽车召回频率越来越高，一方面与中国整车品质方面的标准越来越严格有关，另一方面更体现了中国汽车市场越来越完善、消费者也越来越成熟理性。

案例二：新刹车片的制动力一定就最好吗?

张先生的爱车最近更换了新的刹车片，终于不用再小心翼翼地驾驶了。但是当张先生回家的路程中发现新刹车片的制动力并不理想，有点刹不住。遂然回到维修厂与店家进行沟通。新的刹车片需磨合 200 公里方能达到最佳的制动效果，因此，建议刚换新刹车片的车辆须谨慎行驶。

刹车片和刹车盘在使用一段时间后会出现磨损，当磨损到达极限时，需要对其进行更换处理。换上新的刹车片后，刹车片与刹车盘上的接触面未能达到最佳的接触，影响制动性能，就会出现的所谓“刹不住”的情况了。因此，换了新的刹车片需要磨合一下，使刹车片和刹车盘之间的接触面积增大，更好地起到制动效果。

任务五　轮胎动平衡

步骤一　作业准备

请详细复述作业准备项目与内容，对照表 2-5-1 核准检查。若已准备好，请用铅笔在相应项目内容后的方框内画上“√”；若有遗漏，请补充后再画上“√”。

表 2-5-1　轮胎动平衡作业准备检查表

项目	内容
作业场地	带有消防设施的作业场地□
设备设施	2014 款卡罗拉 1.6 L 自动 GL 轿车□ 工具车□ 零件车□ 车内四件套□ 翼子板布□ 前格栅布□ 轮胎动平衡仪□ 压缩空气□ 举升机□ 垃圾桶□
工量辅具	套筒扳手组合套具□ 预置力式扭力扳手□ 轮胎动平衡仪器□ 平衡块铲刀□
耗材	动平衡块□ 清洁布□ 防护手套□

微组织 1：老师检查纠错，学生改正错误。微评价：☆☆☆☆☆

步骤二　检查轮胎工况

1. 请仔细观看老师示范，结合老师讲解、查阅教材和观看相关视频，将检查轮胎工况计划用铅笔认真填写在表 2-5-2 中。

表 2-5-2　检查轮胎工况计划

工序	内容	工量辅具
1		
2		
3		
4		
5		
6		
7		
8		
9		

微组织 2：老师检查纠错，学生改正错误。微评价：☆☆☆☆☆

2. 请写出在检查轮胎工况时，应注意哪些问题？

微组织 3：老师检查纠错，学生改正错误。微评价：☆☆☆☆☆

3. 请根据检查轮胎工况计划，详细总结操作过程中出现的问题，试着分析产生原因，并归纳出关键词，用铅笔认真填写在图 2-5-1 中。

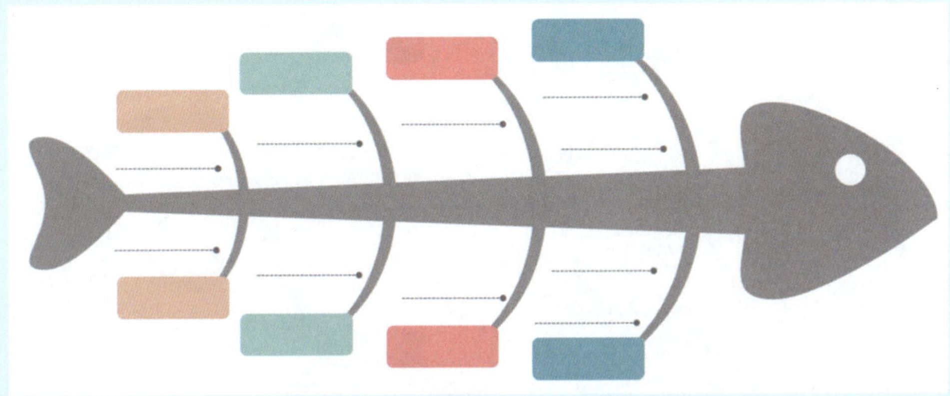

图 2-5-1　检查轮胎工况操作过程中出现的问题与原因

微组织 4：老师检查纠错，学生改正错误。微评价：☆☆☆☆☆

步骤三　设置轮胎平衡仪

1. 请仔细观看老师示范，结合老师讲解、查阅教材和观看相关视频，将设置轮胎平衡仪计划用铅笔认真填写在表 2-5-3 中。

表 2-5-3　设置轮胎平衡仪计划

工序	内容	工量辅具
1		
2		
3		
4		
5		
6		
7		
8		
9		
10		

微组织 5：老师检查纠错，学生改正错误。微评价：☆☆☆☆☆

2. 请写出在设置轮胎平衡仪的参数时，应注意哪些问题？

微组织 6：老师检查纠错，学生改正错误。微评价：☆☆☆☆☆

3. 请根据设置轮胎平衡仪的参数计划，详细总结操作过程中出现的问题，试着分析产生原因，并归纳出关键词，用铅笔认真填写在图 2-5-2 中。

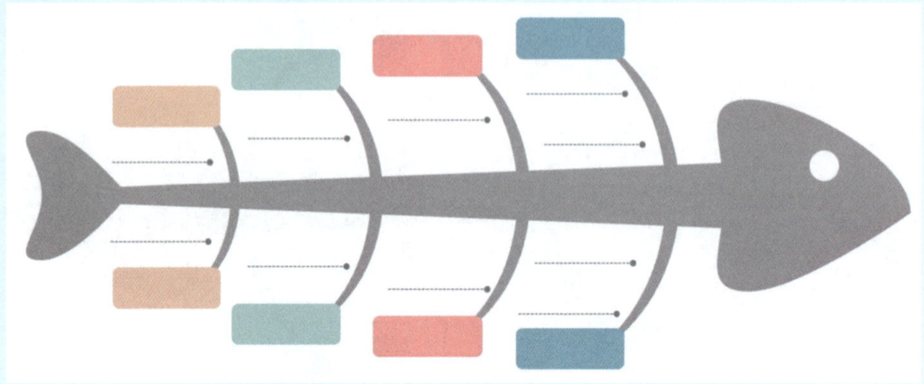

图 2-5-2　设置轮胎平衡仪参数操作过程中出现的问题与原因

微组织 7：老师检查纠错，学生改正错误。微评价：☆☆☆☆☆

步骤四　轮胎平衡仪操作

1. 请仔细观看老师示范，结合老师讲解、查阅教材和观看相关视频，将轮胎平衡仪操作计划用铅笔认真填写在表 2-5-4 中。

表 2-5-4　轮胎动平衡仪操作计划

工序	内容	工量辅具
1		
2		
3		
4		
5		
6		
7		
8		

微组织 8：老师检查纠错，学生改正错误。微评价：☆☆☆☆☆

2. 请根据操作计划实施轮胎动平衡，总结轮胎动平衡操作过程中应注意的问题，并用铅笔认真写在下面方框中。

微组织 9：老师检查纠错，学生改正错误。微评价：☆☆☆☆☆

3. 请根据轮胎平衡仪操作计划，详细总结操作过程中出现的问题，试着分析产生原因，并归纳出关键词，用铅笔认真填写在图 2-5-3 中。

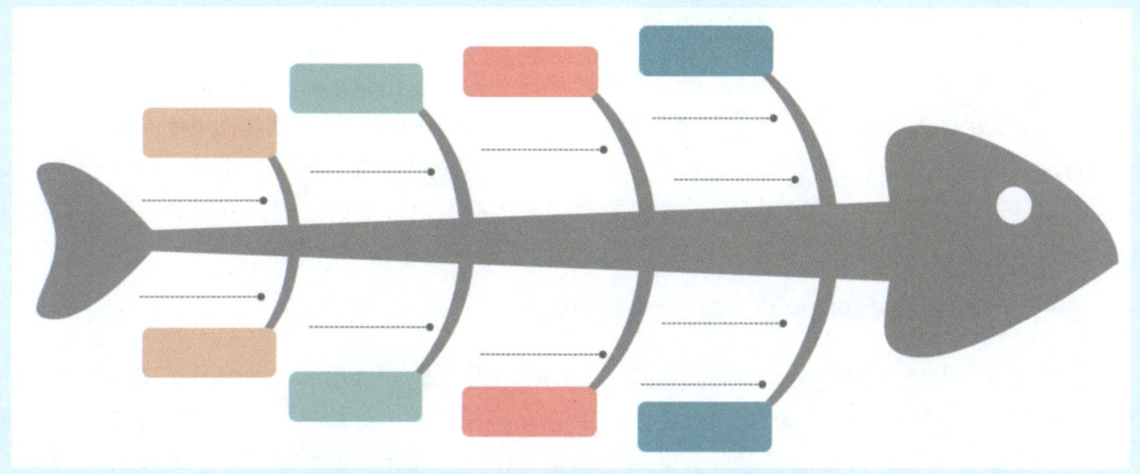

图 2-5-3　轮胎平衡仪操作过程中出现的问题与原因

微组织 10：老师检查纠错，学生改正错误。微评价：☆☆☆☆☆

案例

案例一：轮胎螺栓未按对角顺序拧紧。

王女士到维修厂更换了雪地胎，并叮嘱维修师傅一定要给轮胎做动平衡。但是更换完轮胎之后依然感觉车辆轮胎摆动较为严重，遂返回维修厂进行检查。检查结果发现轮胎动平衡数据正常。但是通过调取施工当天的监控显示，王女士的轮胎是新招来的学徒工进行更换的，由于当天更换轮胎的车辆较多，慌忙中，在锁紧轮胎螺栓的时候未按照对角拧紧的方式紧固螺栓，而是按照顺时针的顺序依次紧固的螺栓，所以才造成了车辆跑起来之后轮胎摆动的情况。

案例二：私自改装轮胎轮毂，险酿交通事故。

张先生是一位汽车发烧友，偶然间看到朋友的车改装了轮毂之后非常的好看，于是也对自己的 JEEP 改装了轮毂和轮胎。虽然改装后的 JEEP 在众多车辆中十分的亮眼，轮毂尺寸变大了，整车的视觉效果会变化非常大，看起来会更加的饱满。在轮胎外径不变的情况下，要换大轮毂就必须要换高扁平比的轮胎，如此一来，车的横向摆动小了，车子开起来会更稳，过弯时的感觉也会更轻盈。

但改装之后的驾驶感受却大打折扣。轮毂改装后的车辆减震性能大幅弱化，一点细小的颠簸都会清晰地传导到车内，舒适性绝对要大打折扣。此外，又扁又薄的轮胎抗外力能力比较弱，特别在遇到尖锐物体磕挺时，很容易损坏。很多人都认为大轮毂加宽轮胎就会提高性能，这种观点是错误的。轮胎和轮毂的大小将会直接影响轮子的惯性。如果惯性增大，它既影响加速，又影响刹车。如果想在加大轮毂的同时大幅提升性能，就要尽量选用质量更轻的轮毂。在轮子总质量(轮毂和轮胎)相同的情况下，轮毂越大，性能会越差。如果一个轮毂的造型使得重量都集中在轮毂中央，那么当轮子转动时，产生的惯性就更小；反之，如果一个轮毂的重量都集中在轮毂外侧，那么产生的惯性就会更大。所以选轮毂，不光要看轮毂的总重量，还要看重量分布在什么位置，重量离中心越远性能越差。为爱车改装轮毂就像穿衣搭配一样需要懂得协调，轮毂是否好看虽然是各花入各眼，但更换轮毂一定能够看出车主的品位与风格，选择更换轮毂是追求个性的最直接表现，但千万别只是为了突出个性任意更换，选择更换轮毂需要注意原装轮毂的宽度（J 值），ET 值等基础数据，对应其升级数据再进行升级改动。不建议广大车主随意改装。

项目三　维护保养汽车辅助系统

项目任务单

项目描述	完成 2014 款卡罗拉 1.6 L 自动 GL 轿车辅助系统保养作业
项目要求	符合 2014 款卡罗拉 1.6 L 自动 GL 轿车技术要求与标准，正确使用工具，完成如下保养作业： 1. 更换雨刮片； 2. 清洗空调蒸发箱
学习目标	1. 能够规范地对雨刮片进行更换作业； 2. 能够规范地对空调蒸发器进行清洗作业； 3. 能够养成自觉遵守技术标准和要求规定、规范操作、安全、环保、“5S”作业的好习惯
项目载体	2014 款卡罗拉 1.6 L 自动 GL 轿车 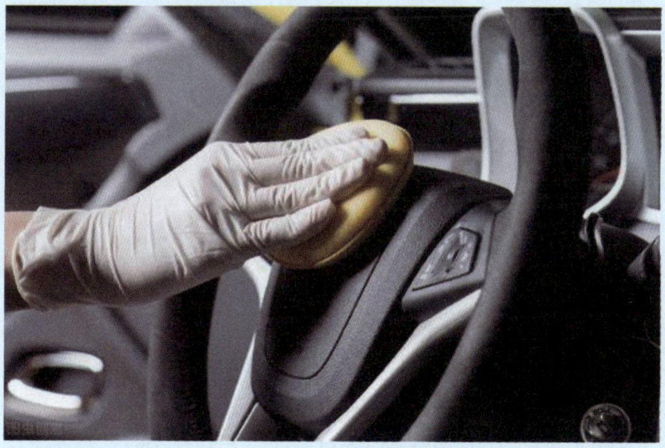
计划学时	18~24 学时

<table>
<tr><td rowspan="2">工作页</td><td>任课老师</td><td></td><td>学生姓名</td><td></td><td>完成 / 未完成</td></tr>
<tr><td>上课地点</td><td></td><td>上课时间</td><td></td><td>优 / 良 / 中 / 及格</td></tr>
</table>

项目导入

一、讲一讲：长城汽车“以变求新”，在创变中谋发展的故事

在国际市场，它是中国品牌出海的急先锋，产品已卖到全球 170 多个国家和地区。在国内市场，它是中国 SUV 的排头兵，皮卡销量更是 24 年蝉联第一。回顾长城汽车这三十多年“造车路”可以发现，从专注品类创新的长城皮卡，到中国 SUV 市场的排头兵哈弗，再到中国品牌高端化的急先锋魏牌，全球首个专注女性汽车市场的欧拉，以及中国豪华越野 SUV 的领头羊坦克，长城汽车每一个乘用车品牌，都把握住了“时代的命脉”，长城汽车靠着“以变求新”在创变中谋发展的策略，引领了移动出行的新变化，长城汽车家族图谱如下图所示。

进入 21 世纪之后，合资品牌和自主品牌纷纷向左进军“轿车”，而长城却基于过去的经验迅速向右，把目光看向了视野更广阔、实用性能更强的 SUV，以赛弗为起点，打造了中国汽车工业有史以来的第一个 SUV 世家。魏牌，在新能源和智能化浪潮推动下，从中国高端品牌的引领者蜕变为一个定位“0 焦虑智能电动”的新能源汽车品牌，这份果敢，便证明了长城汽车不执拗于过去，而是风物长宜放眼量的前瞻。而基于对“她经济”趋势的洞察，在男性为主导的汽车市场上，长城汽车更是大胆地将欧拉定位于全球首个女性汽车品牌的欧拉，欧拉专注为女性造车，做造车“她势力”，开辟女性汽车新赛道，创造女性汽车新品类，成为女性汽车产业的先行者。这份智慧，更是证明了长城汽车的独到。坦克品牌作为长城汽车面向豪华越野车市场创新的核心品牌，其实力不仅在用户中树立了优秀的口碑，也获得了权威媒体的认可，坦克 300 城市版在中央广播电视总台牵头举办的 2021 中国汽车风云盛典中，斩获“最佳智驾车”奖项。通过赋予越野车更多的智能化和高端化的属性和产品素质，同样也展示出了长城汽车对消费需求的精准洞察。正所谓变则通、通则久、久则达，当“变”成了一个时代的主题。以变求新、以变图强的长城汽车，便更有可持续发展的活力和生命力。

在 2021 年全球汽车专利大数据平台榜单上，长城汽车专利公开量达 3 710 份，专利授权量达 3 256 份，居中国民营车企第一；在新能源汽车领域专利公开量和授权量分别为 1 301 份、914 份，居在华车企第一，为向“全球化智能科技公司”转型提供了有力保障。手机产业有华为、小米，互联网产业有阿里、腾讯、字节跳动，家电产业有海尔、美的。相信在未来的某一天，以长城汽车为代表的中国自主品牌，在全球舞台的中央更加耀眼。这不只是一家企业的荣耀，更是中国汽车工业，乃至整个中国制造业的一次伟大胜利。

长城汽车家族图谱

请问：以长城汽车“以变求新”，在创变中谋发展的故事体现了国人什么样的精神？你从国产汽车品牌崛起中受到了哪些启发？请用铅笔认真地写在下面方框中。

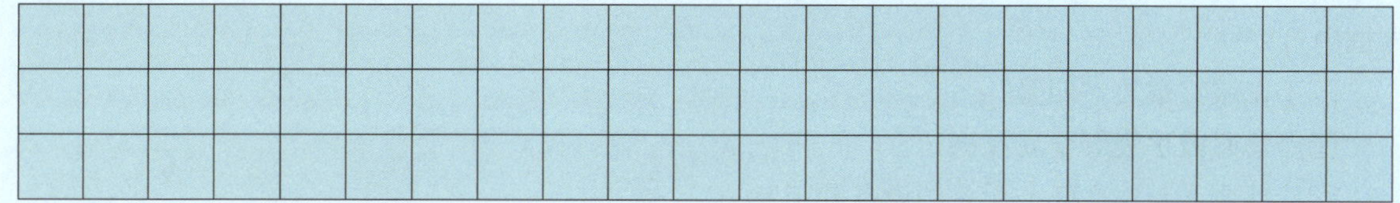

微组织 1：老师检查纠错，学生改正错误。微评价：☆☆☆☆☆

二、看一看：新能源汽车三电系统指的是什么；查一查：新能源汽车是否还需要保养

请查阅教材和观看相关视频，完成下列思考和行动。

1. 请结合下图，陈述并用铅笔概要写出三电系统的组成，同时思考新能源汽车和传统汽车在保养方面有哪些相同之处。

新能源汽车三电系统

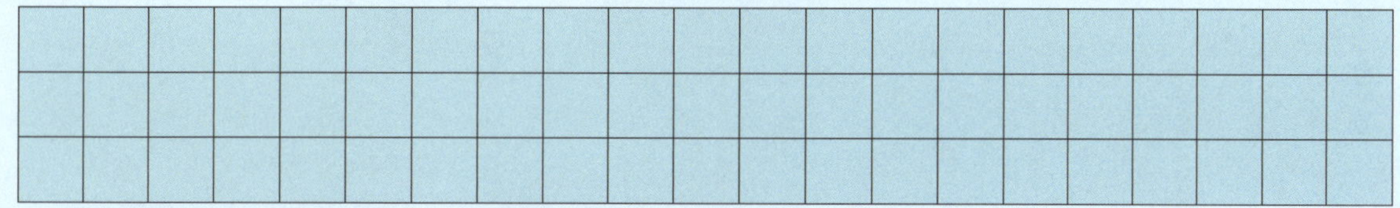

微组织 2：老师检查纠错，学生改正错误。微评价：☆☆☆☆☆

2. 请结合图 3-3 用铅笔将三电系统的名称和图例连接在一起。

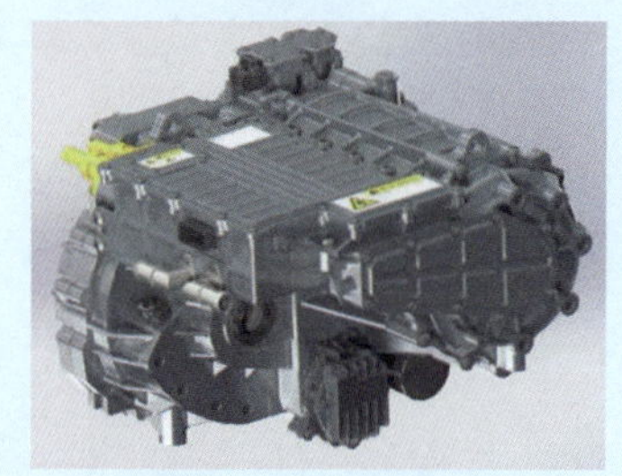

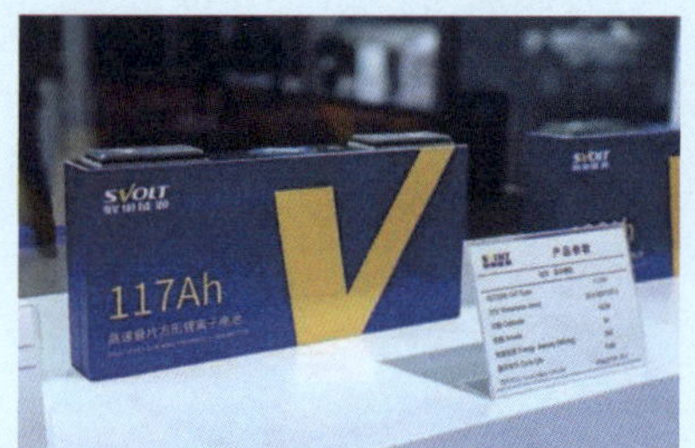

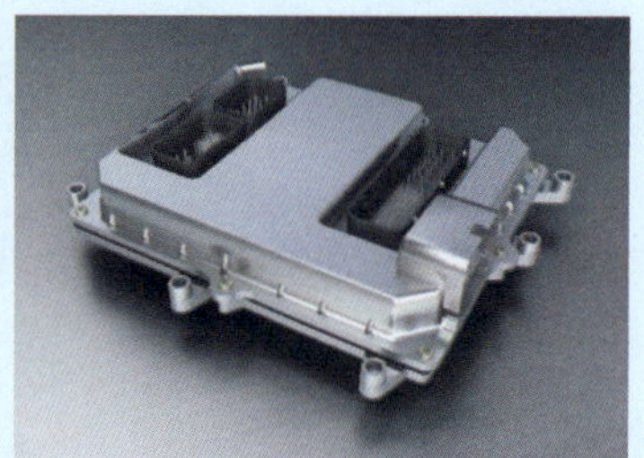

电池	电控	电动机

微组织 3：老师检查纠错，学生改正错误。微评价：☆☆☆☆☆

三、安全教育与防护要求

请大声说出安全与防护要求，做好防护准备，同时进行自检和互检。若已完成，请用铅笔在方框内打“√”。

□工作服穿戴要“四紧”；

□严禁佩戴手表等金属首饰；

□严禁摆弄与本次任务无关的设备和工具；

□严禁嬉戏打闹。

微组织 4：老师检查纠错，学生改正错误。微评价：☆☆☆☆☆

项目实施

任务一　更换雨刮片

步骤一　作业准备

请详细复述作业准备项目与内容，对照表 3-1-1 核准检查。若已准备好，请用铅笔在相应项目内容后的方框内画上“√”；若有遗漏，请补充后再画上“√”。

表 3-1-1　更换雨刮片作业准备检查表

项目	内容
作业场地	带有消防设施且通风条件良好的作业场地 □
设备设施	2014 款卡罗拉 1.6L 自动 GL 轿车 □ 工具车□ 零件车□ 压缩空气 □ 车内四件套□ 翼子板布□ 前格栅布□ 垃圾桶□ 举升机□
工量辅具	尖嘴钳□
耗材	雨刷片□ 清洁布□ 防护手套□

微组织 1：老师检查纠错，学生改正错误。微评价：☆☆☆☆☆

步骤二　清洗玻璃

1. 请仔细观看老师示范，结合老师讲解、查阅教材和观看相关视频，将清洗玻璃计划用铅笔认真填写在表 3-1-2 中。

表 3-1-2　清洗玻璃计划

工序	内容	工量辅具
1		
2		
3		
4		
5		

微组织 2：老师检查纠错，学生改正错误。微评价：☆☆☆☆☆

2. 请写出在清洗玻璃时，应注意哪些问题？

微组织 3：老师检查纠错，学生改正错误。微评价：☆☆☆☆☆

3. 请根据计划清洗玻璃，详细总结操作过程中出现的问题，试着分析产生原因，并归纳出关键词，用铅笔认真填写在图 3-1-1 中。

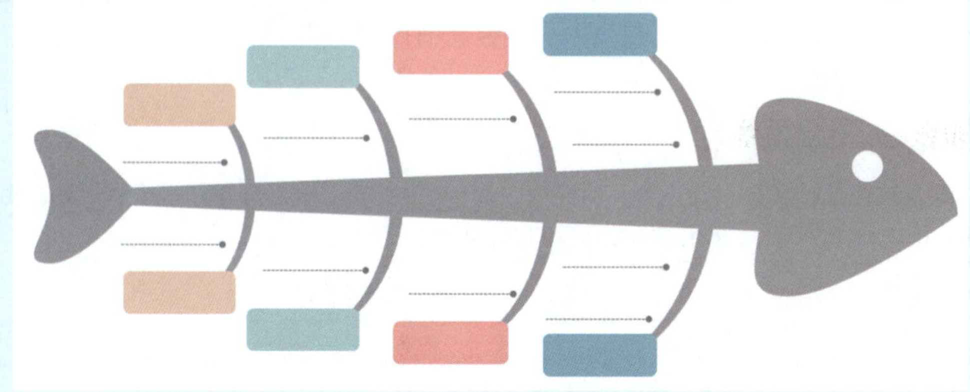

图 3-1-1　清洗玻璃操作过程中出现的问题与原因

微组织 4：老师检查纠错，学生改正错误。微评价：☆☆☆☆☆

步骤三　拆除旧雨刮片

1. 请仔细观看老师示范，结合老师讲解、查阅教材和观看相关视频，将拆除旧雨刮片的工作计划用铅笔认真填写在表 3-1-3 中。

表 3-1-3　拆除旧雨刮片工作计划

工序	内容	工量辅具
1		
2		
3		
4		
5		
6		
7		
8		
9		
10		
11		
12		
13		
14		

微组织 5：老师检查纠错，学生改正错误。微评价：☆☆☆☆☆

2. 请写出拆除旧雨刮片时，应注意哪些问题？

微组织 6：老师检查纠错，学生改正错误。微评价：☆☆☆☆☆

3. 请根据拆除旧雨刮片计划，详细总结操作过程中出现的问题，试着分析产生原因，并归纳出关键词，用铅笔认真填写在图 3-1-2 中。

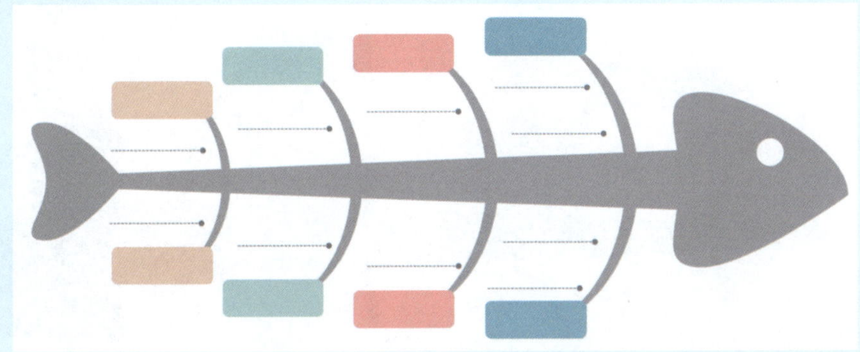

图 3-1-2　拆除雨刮片操作过程中出现的问题与原因

微组织 7：老师检查纠错，学生改正错误。微评价：☆☆☆☆☆

步骤四　匹配并更换新雨刮片

1. 请仔细观看老师示范，结合老师讲解、查阅教材和观看相关视频，将匹配并更换新雨刮片计划用铅笔认真填写在表 3-1-4 中。

表 3-1-4　匹配并更换新雨刮片计划

工序	内容	工量辅具
1		
2		
3		
4		
5		
6		
7		
8		
9		

微组织 8：老师检查纠错，学生改正错误。微评价：☆☆☆☆☆

2. 请写出匹配并更换新雨刮片时，应注意哪些问题？

微组织 9：老师检查纠错，学生改正错误。微评价：☆☆☆☆☆

3. 请根据匹配并更换新雨刮片计划，详细总结操作过程中出现的问题，试着分析产生原因，并归纳出关键词，用铅笔认真填写在图 3-1-3 中。

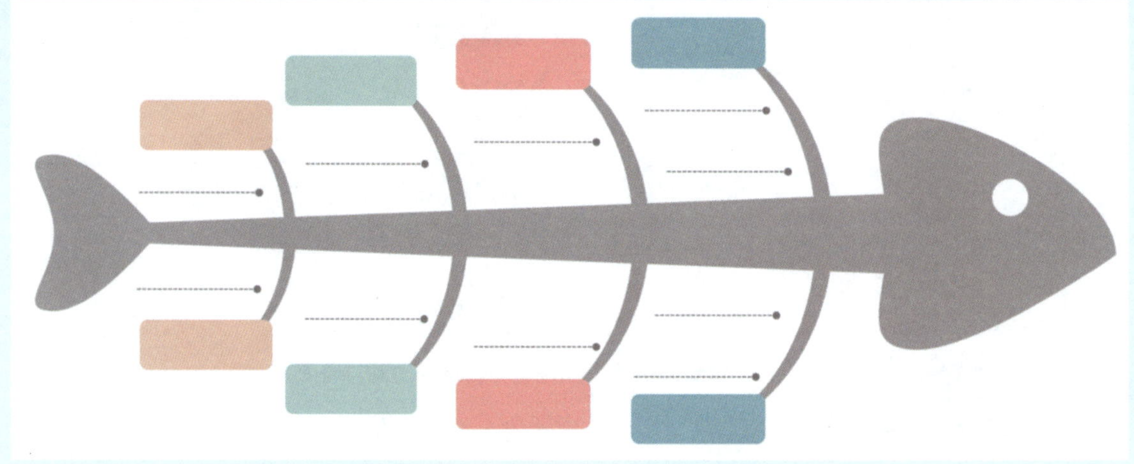

图 3-1-3　匹配并更换新雨刮片操作过程中出现的问题与原因

微组织 10：老师检查纠错，学生改正错误。微评价：☆☆☆☆☆

案例

案例一：雨刮器长期不更换，酝酿交通事故。

2016 年 1 月 26 日晚，南宁市冷雨纷飞，一辆面包车因雨刮器出现故障，没有及时将玻璃上的水刮走，导致驾驶员被雨水挡住视线，在撞倒道路中心的护栏后又砸中了一辆正在行驶中的高尔夫汽车。据初步估算，此次交通事故至少造成了近万元的损失。本来更换一个新的汽车雨刮器，只需区区几十元，却让卢某差点受伤，险些酿成更严重的后果，这让卢某懊恼不已。

无独有偶。同是南宁的马先生已经 3 年没更换过雨刮器了，雨刷片早已磨损，起不到作用，反而越刮越模糊，由于视线不清晰，导致马先生在汽车在转弯时，跟一辆电动车发生碰剐。“我平时忽视了雨刮器的重要性。”马先生说，这次教训对他来说挺深刻的，他马上去更换了雨刮器。

雨刮器是汽车上的必备的一种工具，其对于行车安全有着重要的作用。但因其只在降雨天气使用，所以存在感较低，往往被很多人忽视。不少车主都是等到雨刮器发生故障后才想到更换，或者直接用雨刮器清洗挡风玻璃的做法，都是不对的。一般情况下，雨刷胶条上有一层薄薄的石墨，它主要起润滑的作用。当石墨磨损完之后，雨刮器会在玻璃上跳动，刮除效果较差，这时胶条就需更换了。雨刮器只有在必要时才可使用，平时不可以用雨刮器代替擦车布来清洁挡风玻璃，这样干擦会损害雨刷的胶条，有弊无利。

案例二：雨刮器安装失误，增加行车风险。

王先生在某 4S 店做保养时听从服务顾问的建议更换了一幅雨刮器。机修工小张在更换时不小心损坏了雨刮器一侧的固定卡扣。因另一侧的固定卡扣完好，情急之下的小张害怕被扣工资，匆匆将另一侧的卡扣固定好之后便交车了。因当日天气良好，王先生也并未对雨刮器进行检查。在一次雨天行车的时候，因雨刷器受力不均，同时又缺少一侧卡扣，王先生的雨刮器从雨刮臂上断裂了。没了雨刮器的王先生视野模糊，险些造成交通事故。

愤怒的王先生随即来到 4S 店进行投诉。经调查，机修工小张承认自己在工作过程中因操作不当造成了雨刮器单侧卡扣损坏，并心存侥幸心理未进行上报。此事故中，4S 店一方按照《消费者权益保护法》对王先生进行了赔偿。但丢失的企业形象却短时间内难以挽回。不管是企业还是个人，都愿意树立自己良好的形象，得到客户们的认可，而为了利益用自己店铺或个人的形象做牺牲，属实划不来。相反，如果一家店铺处处为顾客着想，用心去为每一个顾客照顾爱车，顾客的口碑就是最好的宣传。君子爱财取之有道，无论什么行业，一旦没有了道义，丢失了底线，面临的都会是失败。

任务二　清洗空调蒸发箱

步骤一　作业准备

请详细复述作业准备项目与内容，对照表 3-2-1 核准检查。若已准备好，请用铅笔在相应项目内容后的方框内画上“√”；若有遗漏，请补充后再画上“√”。

表 3-2-1　清洗空调蒸发箱作业准备检查表

项目	内容
作业场地	带有消防设施的作业场地□
设备设施	2014 款卡罗拉 1.6 L 自动 GL 轿车 □ 工具车□ 零件车□ 压缩空气 □ 车内四件套□ 翼子板布□ 前格栅布□ 垃圾桶□ 举升机□
工量辅具	套筒扳手组合套具□ 汽车空调蒸发箱可视清洗机□ 工业用红外线测温仪□
耗材	空调免拆清洗剂□ 空调滤清器滤芯□ 清洁布□ 防护手套□

微组织 1：老师检查纠错，学生改正错误。微评价：☆☆☆☆☆

步骤二　检查空调工况

1. 请仔细观看老师示范，结合老师讲解、查阅教材和观看相关视频，将检查空调工况计划用铅笔认真填写在表 3-2-2 中。

表 3-2-2　检查空调工况计划

工序	内容	工量辅具
1		
2		
3		
4		
5		
6		
7		
8		
9		
10		

微组织 2：老师检查纠错，学生改正错误。微评价：☆☆☆☆☆

2. 请写出检查空调工况时，应注意哪些问题？

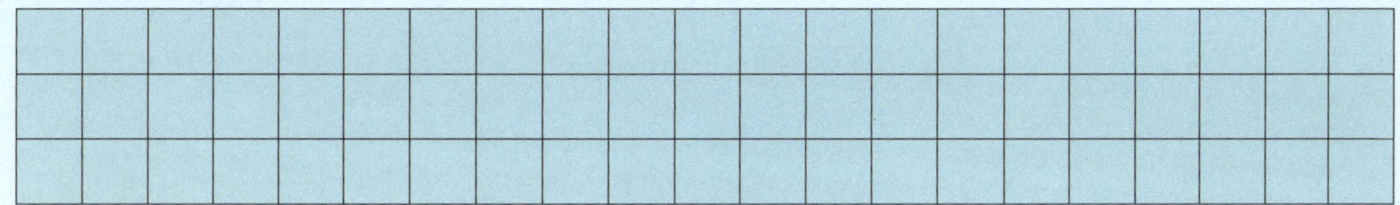

微组织 3：老师检查纠错，学生改正错误。微评价：☆☆☆☆☆

3. 请根据检查空调工况计划，详细总结操作过程中出现的问题，试着分析产生原因，并归纳出关键词，用铅笔认真填写在图 3-2-1 中。

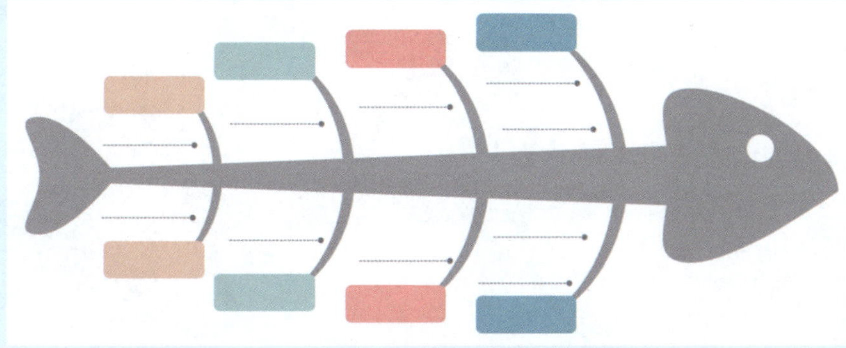

图 3-2-1　检查空调工况过程中出现的问题与原因

微组织 4：老师检查纠错，学生改正错误。微评价：☆☆☆☆☆

步骤三　取出空调滤清器滤芯

1. 请仔细观看老师示范，结合老师讲解、查阅教材和观看相关视频，将取出空调滤清器滤芯计划用铅笔认真填写在表 3-2-3 中。

表 3-2-3　取出空调滤清器滤芯计划

工序	内容	工量辅具
1		
2		
3		
4		
5		
6		
7		
8		
9		

微组织 5：老师检查纠错，学生改正错误。微评价：☆☆☆☆☆

2. 请写出取出空调滤清器滤芯时，应注意哪些问题？

微组织 6：老师检查纠错，学生改正错误。微评价：☆☆☆☆☆

3. 请根据取出空调滤清器滤芯计划，详细总结操作过程中出现的问题，试着分析产生原因，并归纳出关键词，用铅笔认真填写在图 3-2-2 中。

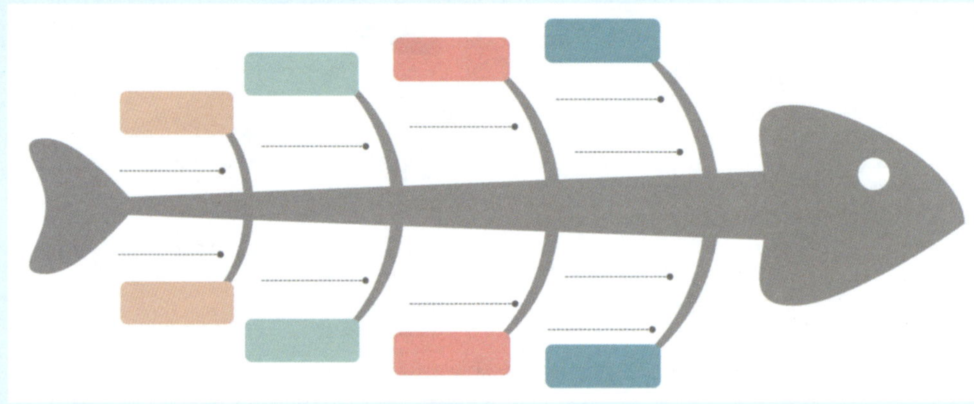

图 3-2-2　取出空调滤清器滤芯操作过程中出现的问题与原因

微组织 7：老师检查纠错，学生改正错误。微评价：☆☆☆☆☆

步骤四　清洗通道

1. 请仔细观看老师示范，结合老师讲解、查阅教材和观看相关视频，将清洗通道清理计划用铅笔认真填写在表 3-2-4 中。

表 3-2-4　清洗通道清理计划

工序	内容	工量辅具
1		
2		
3		
4		
5		
6		
7		
8		
9		
10		

微组织 8：老师检查纠错，学生改正错误。微评价：☆☆☆☆☆

2. 请写出清洗通道时，应注意哪些问题？

微组织 9：老师检查纠错，学生改正错误。微评价：☆☆☆☆☆

3. 请根据计划清洗通道，详细总结操作过程中出现的问题，试着分析产生原因，并归纳出关键词，用铅笔认真填写在图 3-2-3 中。

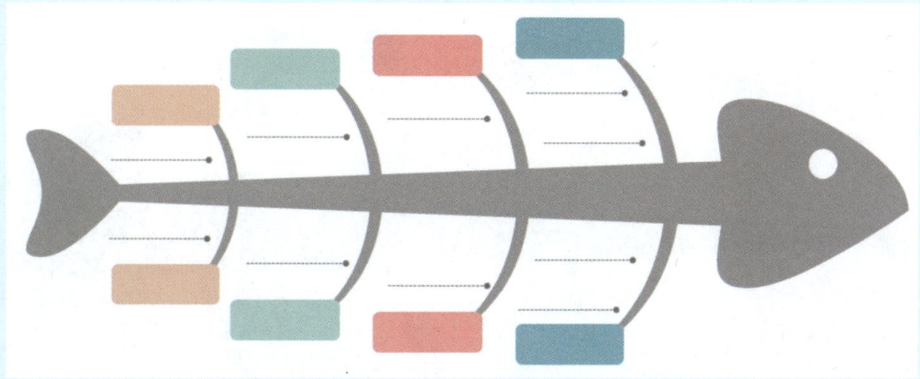

图 3-2-3　清洗通道操作过程中出现的问题与原因

微组织 10：老师检查纠错，学生改正错误。微评价：☆☆☆☆☆

步骤五　清洗蒸发箱

1. 请仔细观看老师示范，结合老师讲解、查阅教材和观看相关视频，将清洗蒸发箱计划用铅笔认真填写在表 3-2-5 中。

表 3-2-5　清洗蒸发箱计划

工序	内容	工量辅具
1		
2		
3		
4		
5		
6		
7		
8		
9		
10		

微组织 11：老师检查纠错，学生改正错误。微评价：☆☆☆☆☆

2. 请写出清洗蒸发箱时，应注意哪些问题？

微组织 12：老师检查纠错，学生改正错误。微评价：☆☆☆☆☆

3. 请根据计划清洗蒸发箱，详细总结操作过程中出现的问题，试着分析产生原因，并归纳出关键词，用铅笔认真填写在图 3-2-4 中。

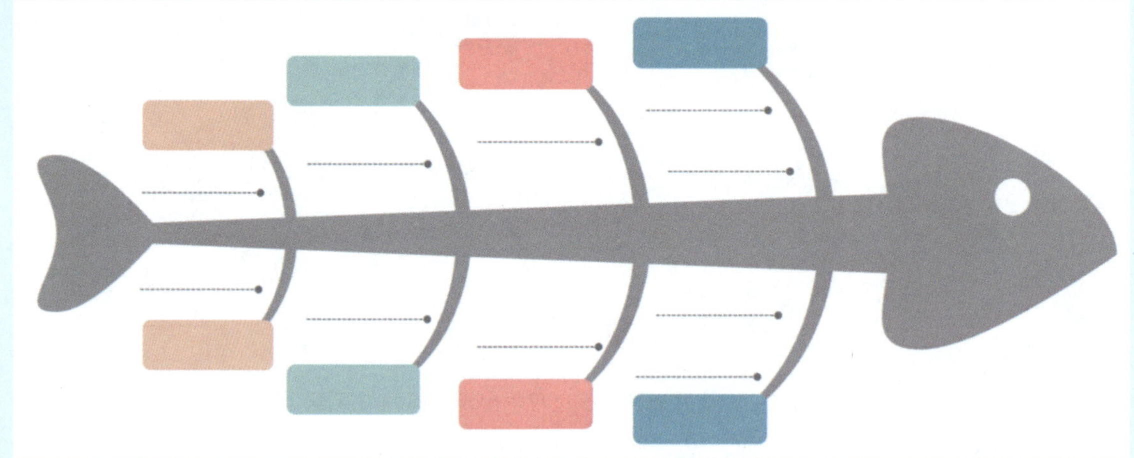

图 3-2-4　清洗蒸发箱操作过程中出现的问题与原因

微组织 13：老师检查纠错，学生改正错误。微评价：☆☆☆☆☆

案例

案例一：不清洗空调蒸发箱，只更换空调滤芯。

刘先生每年到夏季都会为爱车更换空调滤芯，但开启空调时，还是会有刺激性的异味随空调的冷风一起吹出来。甚至在刘先生换上了带活性炭的空调滤芯之后，异味仍未消除。情急之下刘先生只好在保养车辆时请教了机修师傅。

经过机修师傅讲解刘先生才知道，原来空调异味主要的源头是在蒸发箱上，汽车空调中的蒸发箱是在低温环境中工作的，遇到外界相对的热空气就会产生水，所以开空调汽车底盘下面有水流出。同时蒸发箱和通风管道的潮湿环境和表面沉积的灰尘为霉菌的滋生提供了先天条件。霉菌一旦遇到适宜的环境，会很快繁衍，在这个繁衍的过程中，就会产生物体腐烂性异味，这些异味会随着空调的打开，夹杂在冷气当中，从而污染整个车厢内部，常常会使驾乘人感到不舒服，严重的还会使人有眩晕、胸闷等不适感。随后，机修师傅为刘先生的车辆清洗了蒸发箱，异味立刻就消失不见了。

案例二：清洗空调蒸发箱中的"狸猫换太子"。

空调蒸发箱清洗是近些年来比较火热的汽车保养项目，也是目前市场上深度清洗蒸发箱最有效的方法之一。但赵先生却在某汽修厂清洗空调蒸发箱时遇到了"偷梁换柱"，可谓是当代的"狸猫换太子"。原来，汽车厂的员工趁赵先生不注意，将原本装清洗剂的罐子换成了装自来水的罐子，虽然在清洗之后空调没有异味了，但过了一段时间之后，空调的出风口又再次传出了异味。这次赵先生换了一家门店清洗空调，清洗后的空调系统有一股淡淡的清香味，这时赵先生才察觉第一次清洗之后并没有这个味道，经维修工提醒，才知道可能是使用自来水清洗的空调蒸发箱。

虽然使用自来水清洗空调蒸发箱不会生锈，但却不及使用空调蒸发箱清洗剂清洗的干净，且没有抑菌的功效。这起案例中，第一家门店虽然在此次清洗作业中投机取巧，节约了施工成本，但也同时给店铺形象带来了负面影响，从长远考虑，这种失信行为是得不偿失的，更可能会对整个汽车维修行业造成不良影响。

笔记栏